'짤막한 강좌'와 함께
보고서 발목 잡는 워드 문제 90% 해결!

상황 맞춤
짤막한 영상은
인스타그램에서!

구독자 17만 명!
친절하고 자세한
동영상 강의는
유튜브에서!

딱 **필요한 걸 깔끔하고 정확하게 설명**해 주셔서 매우 유용했습니다. _레오 님

항상 말씀드리지만 **명료한 강의** 최고입니다. _청송 님

워드로 기안문 만들 일이 생겨서 역주행하면서 배우고 있는데,
이번 **강의가 저에게는 안성맞춤**이네요! 잘 배우고 갑니다! _MIN 님

쌤 강의는 **부족한 부분을 채울 수 있어서 최고**입니다. _강용 님

와~ **알고 싶었던 부분**이었는데ㅜㅜ 감사합니다. _뿌냥 님

능력과 가치를
높이고 싶다면
된다!

1시간씩 일주일이면
보고서 완성부터 **AI 기능 활용**까지!

된다!

7일
실무
워드

현업에서 진짜 쓰는 필수 기능 81

모든 버전 사용 가능!

'짤막한 강좌'의 해결사 **이충욱** 지음

7만 직장인의
해결사

짤막한 강좌

실습별 동영상 강의 무료 제공!

이지스 퍼블리싱

능력과 가치를 높이고 싶다면
된다! 시리즈를 만나 보세요.
당신이 성장하도록 돕겠습니다.

된다! **7**일 실무 워드

Gotcha! Mastering Word for Business in 7 Days

초판 발행 • 2024년 11월 15일

지은이 • 이충욱
펴낸이 • 이지연
펴낸곳 • 이지스퍼블리싱(주)
출판사 등록번호 • 제313-2010-123호
주소 • 서울특별시 마포구 잔다리로 109 이지스빌딩 3층(우편번호 04003)
대표전화 • 02-325-1722 | **팩스** • 02-326-1723
홈페이지 • www.easyspub.co.kr | **인스타그램** • instagram.com/easyspub_it
Do it! 스터디룸 카페 • cafe.naver.com/doitstudyroom | **페이스북** • www.facebook.com/easyspub

총괄 • 최윤미 | **기획 및 책임편집** • 이수경 | **기획편집 1팀** • 임승빈, 이수경, 지수민 | **교정교열** • 박명희
표지 디자인 • 김근혜 | **본문 디자인** • 트인글터, 김근혜 | **인쇄** • 보광문화사 | **마케팅** • 권정하
독자지원 • 박애림, 김수경 | **영업 및 교재 문의** • 이주동, 김요한(support@easyspub.co.kr)

ISBN 979-11-6303-654-8 13000
가격 18,000원

다음 주에 실행할 수 있는 완벽한 계획보다
지금 당장 실행할 수 있는 괜찮은 계획이 더 낫다.

A good plan, violently executed now,
is better than a perfect plan next week.

_ 미군 전략가 조지 S. 패튼(George S. Patton)

"28년간 강의에서 받은 질문을 모아 만들었습니다!"
실무에서 진짜 쓰는 유용한 기능만 빠르게 배우세요!

학교나 기업, 공공기관에서 강의할 때 만난 수강생들은 대부분 워드프로세서 프로그램 가운데 '한글'을 처음 사용했다고 합니다. 그러다가 MS-워드(줄여서 워드)를 사용해야 했는데 한글과 많이 달라서 힘들었다고 하더라고요. 워드와 한글은 같은 역할을 하는 프로그램이어서 비슷한 점이 많지만, 엄연히 서로 다른 프로그램입니다. 이 점을 인정하고 워드 사용법을 배워서 써보면 **입문자나 초보자가 사용하기에 장점이 많은 프로그램**이라는 것을 금세 알 수 있죠. 워드는 사용자의 의도를 파악하고 자동으로 작업을 처리해 주거나 도움되는 조언도 해줍니다.

81개 실습 예제와 동영상 강의로 쉽고 빠르게!
사무실 문서 작성에 필요한 워드 필수 기능 완벽 학습!

28년 넘게 강의를 하면서 다양한 직종에서 많은 사람들을 만났습니다. 고민하는 바는 각자 다 달랐지만, 결국 수강생들이 원하는 것은 하나였습니다. "이 기능으로 내 작업 시간을 줄일 수 있을까요?" 물론 워드의 '모든 기능'을 알면 당연히 작업 시간이 줄어들겠죠. 그렇다고 해서 '모든 기능'을 다 배울 필요는 없습니다. 수강생들의 질문을 분석해 보니 딱 몇 가지 주요 기능만 알면 모두 해결할 수 있는 문제들이었습니다.

그래서 이 책은 **'실무에서 진짜 쓰는'** 기능을 81개의 실습으로 소개하고 워드를 처음 사용하는 분도 **보고서 한 편을 빠르게 작성할 수 있도록 단계별로 구성**했습니다. 그리고 워드에서만 사용할 수 있는 특별한 기능을 수록했습니다. 《된다! 7일 실무 워드》에서 다루는 기능만 이해하면 보고서 양식을 완성하는 데에는 전혀 문제가 없습니다. 또한 실습을 진행할 때 QR코드를 스캔하면 **동영상 강의를 함께 시청**할 수 있어서 더욱 효율적이면서도 빠르게 기능을 배울 수 있습니다.

실력을 스스로 점검할 수 있는 **보고서 미션**부터
질문이 빗발친 기능 7가지를 모은 **짤막한 TIP**까지!

장 끝마다 제시한 과제 코너 〈보고서 미션이 떨어졌다!〉에서는 가상의 보고서를 직접 만
들어 보며 **워드 기능을 얼마나 이해했는지 스스로 실력을 점검**할 수 있습니다. 만약 문
제를 풀기 어렵다면 관련 페이지로 돌아가 다시 한번 실습을 따라 해보길 권장합니다.

또,〈짤막한 TIP〉에는 필자의 오프라인 강의와 유튜브 채널 '짤막한 강좌'에서 **질문이
쇄도했던 기능**을 모아 두었습니다. 평소 궁금했던 기능이 있다면 꼼꼼히 살펴보고 실무
에 적용해 보세요!

책 내용을 구성하는 데 도움을 주고 유튜브 영상 강좌를 만든 한정희 강사님과 출간 기
회를 준 이지연 대표님, 원고 집필을 채근하고 독려한 이수경 편집자께 감사의 인사를
전합니다. 그리고 실제 업무에 필요한 다양한 워드 사용법을 질문해 주어서 책 내용을
더욱 탄탄하게 만들 수 있도록 도움을 준 모 기업 해외 파견 직원분 모두 고맙습니다.

이 책이 독자 여러분께 도움이 되길 바랍니다.

'짤막한 강좌'의 숨은 조력자 **이충욱** 드림

01 기본 문서 편집에 필요한 모든 것

02   문서의 가독성을 높이는 서식 설정법

03 표와 차트로 데이터 한눈에 정리하기

04 그림, 도형, 수식 등 보충 자료 만들기

06 문서 인쇄하고 배포하기

07 협업을 위한 공동 작업 기능

이것만은 꼭 정복하자! 워드 필수 기능 TOP 10

학습 계획표

다음 계획표를 따라 워드를 활용한 보고서 작성법을 공부해 보세요. 그리고 배운 내용을 바탕으로 장 끝에 있는 〈보고서 미션이 떨어졌다!〉에서 보고서를 직접 만들면서 복습해 보세요!

바쁜 직장인을 위한 속성 3일 완성!

구분	주제	학습 범위	학습일
1일 차	· 편집 화면 설정하고 문서 작성하기 · 용지와 여백 설정하고 스타일과 테마 만들어 보기	01~02장	___월 ___일
2일 차	· 표와 그림, 도형, 차트, 워드아트, 수식 입력해 보기	03~04장	___월 ___일
3일 차	· 머리글, 바닥글, 페이지 번호 삽입하기 · 인쇄 & 편지 병합 기능 다뤄 보기 · 컨트롤 삽입하여 문서 양식 만들기	05~07장	___월 ___일

정석대로 배우는 워드 보고서 7일 완성!

구분	주제	학습 범위	학습일
1일 차	· 편집 화면 설정하고 문서 작성하기	01장	___월 ___일
2일 차	· 보고서의 용지와 여백 설정하기 · 스타일과 테마 만들고 적용하기	02장	___월 ___일
3일 차	· 표와 차트 만들기	03장	___월 ___일
4일 차	· 그림, 도형, 차트, 워드아트, 수식 활용하기 · 반복 요소를 빠른 문서 요소로 등록하고 사용하기	04장	___월 ___일
5일 차	· 페이지 번호, 주석, 캡션 삽입하기 · 다단 설정하여 보고서 깔끔하게 정리하기	05장	___월 ___일
6일 차	· 표지, 목차 페이지 만들기 · 인쇄 & 편지 병합 기능 다뤄 보기	06장	___월 ___일
7일 차	· 메모, 추적 등으로 피드백 추가하기 · 컨트롤 삽입하여 문서 양식 만들기	07장	___월 ___일

이 책은 이렇게 활용하세요

책 곳곳의 QR코드를 스캔해서 동영상 강의와 함께 공부해 보세요!

본문 실습 옆에 있는 QR코드를 스캔하면 저자의 강의 영상을 볼 수 있는 유튜브 채널로 이동합니다. 동영상 강의를 함께 시청하면 워드 기능을 더욱 쉽게 익힐 수 있습니다.

• 유튜브 채널: youtube.com/@hantip

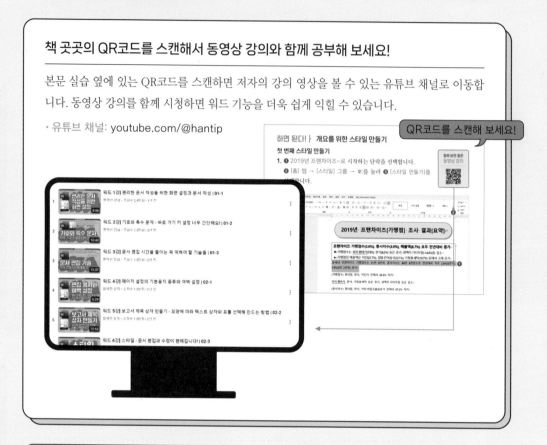

예제 파일을 내려받고 실습하세요!

이지스퍼블리싱 홈페이지 [자료실]에서 실습을 위한 예제 파일을 내려받으세요. 또한 책의 코너인 〈보고서 미션이 떨어졌다!〉의 완성 파일도 이곳에서 확인할 수 있습니다.

• 예제 파일 내려받기:
이지스퍼블리싱 홈페이지(www.easyspub.co.kr) →
[자료실] → 책 이름 검색

온라인 독자 설문

- 보내 주신 의견을 소중하게 반영하겠습니다!

오른쪽 QR코드를 스캔하여 이 책에 대한 의견을 보내 주세요. 독자 여러분의
칭찬과 격려는 큰 힘이 됩니다. 더 좋은 책을 만들도록 노력하겠습니다.

의견을 남겨 주신 분께 드리는 혜택 6가지!

❶ 추첨을 통해 소정의 선물 증정   ❹ 출간될 도서의 베타테스트 참여 기회

❷ 이 책의 업데이트 정보 및 개정 안내   ❺ 출판사 이벤트 소식

❸ 저자가 보내는 새로운 소식   ❻ 이지스 소식지 구독 기회

일러두기

· 이 책은 마이크로소프트 365 버전의 워드를 기준으로 집필되었습니다.

· 보고서를 작성할 때 필요한 기본 기능을 다루므로 **모든 버전의 워드**에서 활용할 수 있습니다.

· 이 책에서 사용한 예제는 단순 예시이므로 사실과 다를 수 있습니다.

기본 문서 편집에 필요한 모든 것

워드는 문서 작성에 최적화된 마이크로소프트의 오피스 프로그램으로 최소한의 기능만 다룰 줄 알아도 보고서를 쉽게 작성할 수 있습니다. 01장에는 워드를 처음 사용하는 분들을 위한 '새 문서 만들기'부터 워드를 보다 편리하게 사용할 수 있는 팁까지 담았습니다.

이 장의 목표

☑ 워드의 보기 모드를 상황에 따라 자유자재로 적용할 수 있다.

☑ 키보드에 없는 기호와 한자를 입력할 수 있다.

☑ 바로 가기 키, 서식 복사 등을 활용해서 작업 시간을 절약할 수 있다.

01-1
새 문서 만들고 저장하기

• 실습 파일 없음(새 문서)

엑셀, 파워포인트 등 마이크로소프트에서 제공하는 오피스 서비스는
실무 활용에 최적화되어 있습니다. 그중에서도 워드는 보고서를 작성
하는 데 가장 적합한 프로그램인데요. 회사에서는 수많은 보고서를 작
성해야 하기 때문에, 워드의 기본 기능을 알고 적극 활용하면 업무 시

워드 로고

간을 효율적으로 사용할 수 있습니다. 여기서는 새 문서를 만들어 간단한 내용을 작
성해 본 후 저장하는 방법까지 살펴보겠습니다.

워드 첫 화면 살펴보기

워드를 처음 열면 다음과 같은 화면이 나타납니다. [새 문서]를 클릭해 문서를 작성
할 수 있습니다.

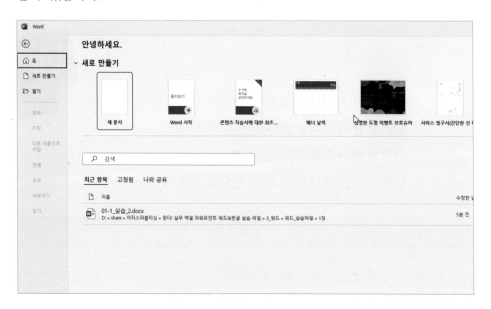

다음은 워드에서 새 문서를 열면 나타나는 화면입니다. 워드를 잘 활용하려면 이 화면에 익숙해지는 것이 중요합니다.

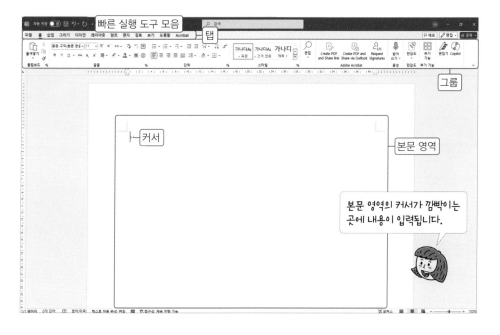

하면 된다! } 간단한 문서 작성하기

워드에서 새 문서를 열고 문서를 작성해 보겠습니다.

함께 보면 좋은
동영상 강의

1. 워드를 실행하고 [새 문서]를 눌러 새 문서를 만듭니다.

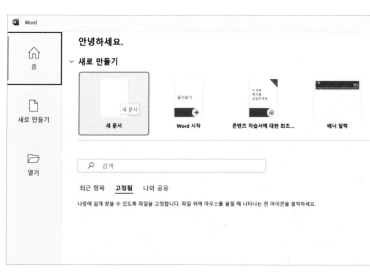

워드 기본

본문 꾸미기

표와 차트

개체 활용

문서 디테일

인쇄 및 배포

공동 작업 기능

2. 우리 몸은 영양 덩어리를 입력한 후 ⌈Enter⌋를 누르면 단락이 바뀌고 그 위치에 단락 기호가 표시됩니다. 빈 줄을 추가하려면 ⌈Enter⌋를 한 번 더 누르면 됩니다.

3. 다음 내용을 이어서 입력합니다. 이때 단락이 끝나지 않았다면 ⌈Enter⌋를 누르지 말고 자동으로 줄 바꿈 되도록 계속 입력해야 합니다.

~컴퓨터는 정해진 시스템대로 움직이면 아 뒤가 아니라 ~병에 걸리기 시작한다.까지 입력한 후 ⌈Enter⌋를 눌러 단락을 나눕니다. 아래쪽 단락도 마찬가지로 계속 입력하다가 단락이 끝나는 위치에서 ⌈Enter⌋를 누릅니다.

우리·몸은·영양·덩어리↵

↵

사람의·몸은·마치·체계적으로·만들어진·컴퓨터와·같다.·컴퓨터는·정해진·시스템대로·움직이면·아무·문제·없이·잘·돌아간다.·그러다·어느·날·이상한·바이러스가·들어오면·컴퓨터는·병에·걸리기·시작한다.↵⌈Enter⌋

우리·몸도·마찬가지다.·정해진·시스템대로·움직이면·아무·문제·없이·잘·돌아갈·것이다.·이른·사람을·우리는·'건강하다'라고·한다.·그런데·이·시스템을·무너뜨리는·뭔가가·들어온다면·건강에·적신호가·켜질·것이다.↵⌈Enter⌋

> 단락이 끝나지 않았다면 ⌈Enter⌋를 누르지 말고 계속 이어 써야 합니다!

워드 기본

본문 꾸미기

표와 차트

개체 활용

문서 디테일

인쇄 및 배포

공동 작업 기능

 질문 있어요! **기존에 만들어진 양식 문서를 사용할 수 있나요?**

화면 왼쪽에 있는 [새로 만들기]를 누르고 아래에 표시되는 서식 파일 중 하나를 선택하면 워드
가 제공하는 서식으로 문서 작성을 시작할 수도 있습니다.

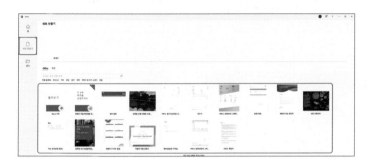

하면 된다! } 문서 저장하기와 열기, PDF로 저장하기

워드로 작성한 문서는 주로 워드 파일이나 PDF 파일로 저장합니다. 워드 파일로 저
장하면 언제든 문서를 쉽게 수정할 수 있고 PDF 파일로 저장하면 웹에 공유하기 편
리합니다.

1. 워드 문서(*.docx)로 저장하기

❶ [파일] → [저장] 또는 빠른 실행 도구 모음의 [저장]을 누릅
니다. ❷ 저장할 위치를 지정하기 위해 [찾아보기]를 선택합니
다. 파일 이름을 따로 지정하지 않으면 첫 단락에 입력한 글자
가 나타납니다.

❸ 파일 이름은 나타난 글자 그대로 두고 [저장]을 누릅니다.

함께 보면 좋은
동영상 강의

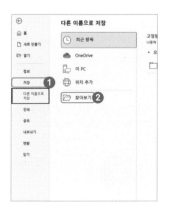

마이크로소프트 365 버전의 워드를 사용하는 경우
[빠른 실행 도구 모음]에 있는 [저장 📑]을 누르면
[이 파일 저장하기] 대화상자가 나타납니다. 이럴 땐
걱정하지 말고 아래에 있는 [옵션 더 보기]를 누르면
됩니다.

2. 문서 닫기/열기

❶ [파일] → [닫기]를 선택하거나 Ctrl + F4 를 눌러 현재 문서를 닫습니다.

❷ [파일] → [열기]를 누르거나 Ctrl + O 를 눌러 [열기]를 나타냅니다.

❸ [찾아보기]를 눌러 저장된 위치에서 파일을 선택하거나 최근 문서 목록에서
표시된 파일 이름을 선택합니다.

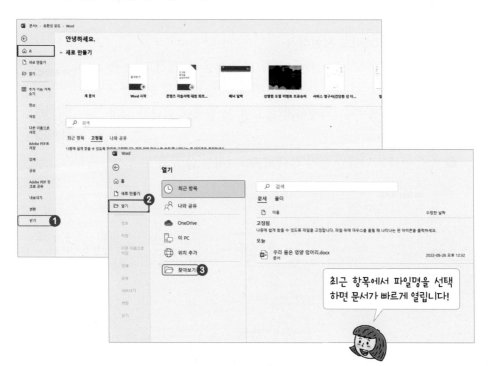

최근 항목에서 파일명을 선택
하면 문서가 빠르게 열립니다!

워드 기본

본문 꾸미기

표와 차트

개체 활용

문서 디자인

인쇄 및 배포

공동 작업 기능

3. 다른 이름으로 저장하기

한 번 저장해서 파일 이름이 지정된 파일에 내용을 추가하거나 수정해서 저장하면 따로 파일 이름을 묻지 않고 덧씌워 저장됩니다.

❶ 내용이 추가된 파일을 별개로 저장하려면 [파일] → [다른 이름으로 저장]을 선택한 후 ❷ [찾아보기]를 누르거나 F12 를 누릅니다.

❸ 파일 이름을 우리 몸은 영양 덩어리_수정으로 고친 후 ❹ [저장]을 누릅니다.

4. PDF로 저장하기

문서를 웹에서 공유할 목적이라면 PDF 형식으로 저장하면 됩니다.

❶ [파일] → [내보내기] → [PDF/XPS 문서 만들기] → [PDF/XPS 만들기]를 선택합니다.

❷ 파일 이름을 확인한 후 ❸ [게시]를 누릅니다.

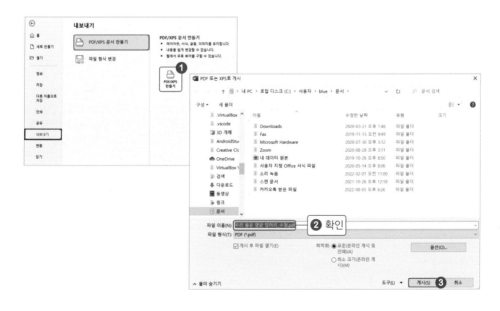

01-2
편리한 문서 작성을 위한 화면 설정법

• 실습 파일 01-2_실습.docx

문서를 작성할 때 목적에 맞게 화면을 설정하면 작업을 더욱 편리하게 할 수 있습니다. 워드의 보기 모드 종류를 살펴보고 그 외 문서 작성에 유용한 화면 설정 방법을 알아보겠습니다.

편안한 작업을 위한 보기 모드 5가지

워드의 보기 모드에는 [인쇄 모양], [읽기 모드], [웹 모양], [개요], [초안]이 있습니다. 그중 워드를 처음 열었을 때 나타나는 보기 모드는 [인쇄 모양]입니다.

함께 보면 좋은
동영상 강의

❶ 인쇄 모양
종이에 인쇄했을 때 어떤 모양으로 나타날지 각 페이지의 레이아웃을 보면서 작업할 수 있습니다.

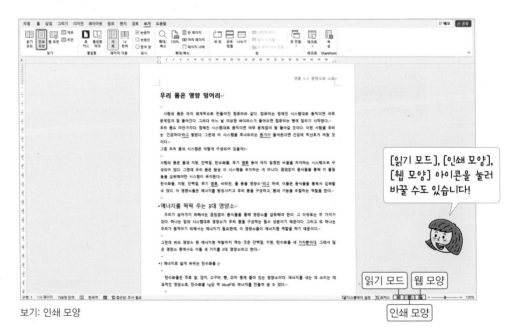

[읽기 모드], [인쇄 모양], [웹 모양] 아이콘을 눌러 바꿀 수도 있습니다!

읽기 모드   웹 모양

인쇄 모양

보기: 인쇄 모양

워드 기본

본문 꾸미기

표와 차트

개체 활용

문서 디자인

인쇄 및 배포

공동 작업 기능

❷ 읽기 모드 / 웹 모양

[읽기 모드]는 내용을 편집하지 않고 읽기만 할 때 사용합니다.

[웹 모양]은 웹 페이지로 저장했을 때 나타나는 모양을 보여 줍니다. 페이지 구분이 없고 따로 지정하지 않는 한 가로 방향으로도 제한 없는 너비입니다.

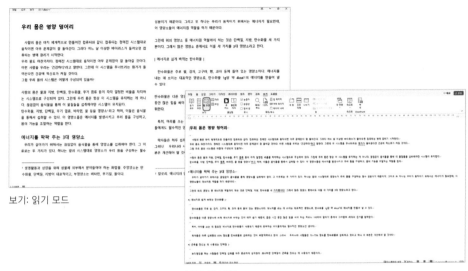

보기: 읽기 모드

보기: 웹 모양

❸ 개요

문서 구조를 제목 중심으로 보여 줍니다. 수준을 지정해서 제목만 나타나게 하거나 제목과 내용을 모두 표시할 수도 있습니다. 또한 문장 앞 기호를 클릭하면 해당 부분을 전체 선택할 수 있습니다.

보기: 개요

❹ 초안

문서에서 텍스트만 표시하고 머리글/바닥글 및 특정 개체가 표시되지 않습니다. 사용자가 텍스트에 집중할 수 있어 문서를 빠르게 편집할 수 있습니다.

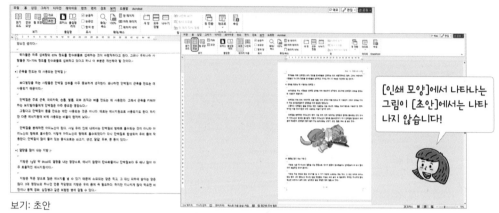

보기: 초안

보기: 인쇄 모양

하면 된다! ᐅ [개요] 보기 모드로 문서 한눈에 보기

보기 모드 5가지 가운데 [개요]는 문서를 빠르게 파악하고 싶은 분에게 추천합니다. 한번 익혀 두면 유용하게 사용할 수 있으니 실습으로 사용 방법을 익혀 보세요.

1. 개요 선택하기

❶ [보기] 탭 → [보기] 그룹 → [개요]를 선택합니다.

❷ 제목 앞에는 ⊕ 기호가 붙고, 본문에는 문장마다 앞에 동그라미 글머리 기호가 붙으면서 제목과 본문을 구분하기 쉬워집니다.

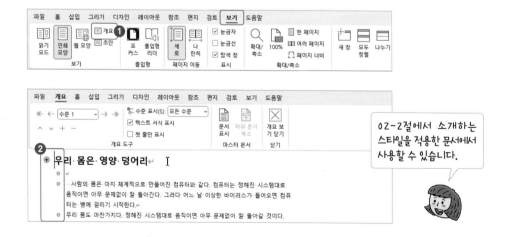

2. 수준 설정하기

❶ 커서를 우리 몸은 영양 덩어리에 두고 ❷ [개요] 탭 → [개요 도구] 그룹 → [수준 표시]에서 [수준 1]을 선택합니다.

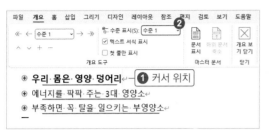

1~9까지 수준을 매길 수 있습니다!

3. 하위 수준 표시하기

❶ 커서를 에너지를 팍팍 주는 3대 영양소에 두고 ❷ [개요] 탭 → [개요 도구] 그룹 → ⊞을 클릭해 하위 수준을 표시합니다.

3가지 하위 항목이 나타나요!

4. 모든 내용 보기

모든 내용을 나타내려면 [개요] 탭 → [개요 도구] 그룹 → [수준 표시]에서 [모든 수준]을 선택합니다. 제목 옆에 있는 ⊕를 더블클릭해서 하위 내용을 나타내거나 숨길 수 있습니다.

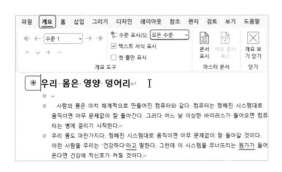

⊕를 한 번 클릭하면 해당 부분이 전체 선택돼요!

워드 기본

본문 꾸미기

표와 차트

개체 활용

문서 디자인

인쇄 및 배포

자동 작업 기능

5. 개요 보기 닫기

[개요] 탭 → [닫기] 그룹 → [개요 보기 닫기]를 선택하면 다시 [인쇄 모양] 모드로
전환됩니다.

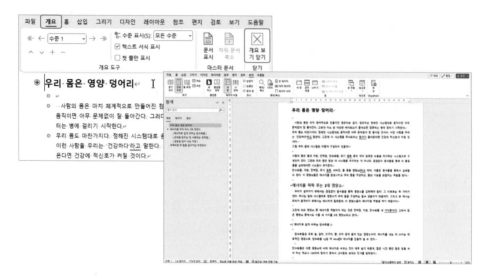

탐색 창으로 문서 구조 살펴보기

탐색 창을 활성화하면 문서 구조를 한눈에 볼 수 있고 한 번의 클릭으로 원하는 페
이지로 쉽게 이동할 수도 있습니다. 텍스트뿐 아니라 개체도 빠르게 찾을 수 있습니
다. [보기] 탭 → [표시] 그룹 → [탐색 창]에 체크 표시하면 됩니다.

워드 기본

본문 꾸미기

표와 차트

개체 활용

문서 디자인

인쇄 및 배포

공동 작업 기능

❶ 개요 한눈에 보기 – [제목]

[제목] 탭은 개요 보기의 수준 표시와 같이 제목 부분을 정리해서 보여 줍니다. 하이 퍼링크가 설정되어 있어 제목을 선택하면 해당 위치로 빠르게 이동합니다.

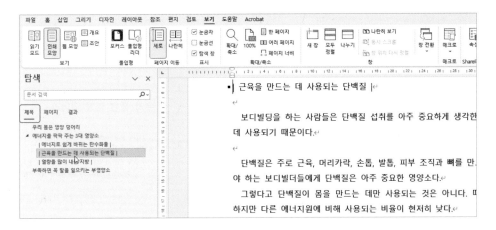

특정 개요 위에서 마우스 오른쪽 버튼을 누르면 개요 수준을 내리거나 올리는 등 추가 기능을 실행할 수 있습니다.

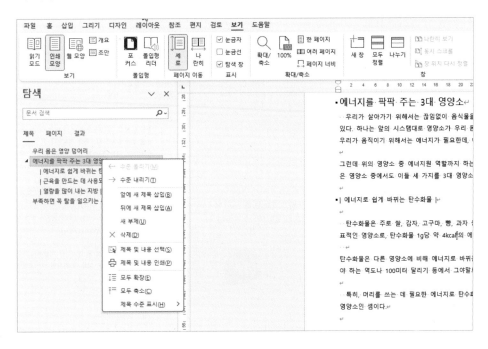

❷ 문서 섬네일 한눈에 보기 – [페이지]

[페이지] 탭은 페이지 섬네일을 보여 주며, 역시 하이퍼링크가 설정되어 있어 선택한 페이지로 바로 이동합니다.

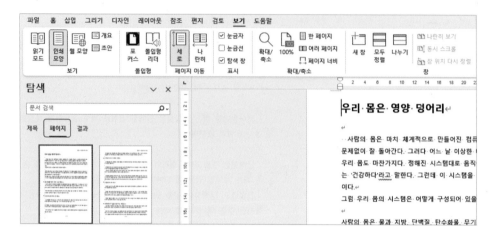

❸ 개체 위치 검색하기 – [결과]

[결과] 탭은 텍스트와 개체를 검색할 수 있습니다. Ctrl + F 를 눌러도 이 기능을 사용할 수 있습니다.

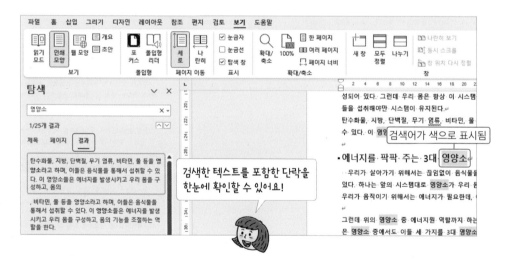

❹ 개체 찾기/바꾸기

[문서 검색]란에 있는 돋보기 모양의 아이콘 🔎을 클릭하면 찾기/바꾸기 기능을 선택할 수 있습니다.

여러 개의 창 한눈에 보기

[보기] 탭 → [창] 그룹에 있는 다양한 창 보기 형식을 살펴보겠습니다.

[새 창]은 현재 열려 있는 워드 파일을 하나 더 이름을 달리해서 여는 기능입니다.

먼저 [새 창]을 클릭해 보세요.

[새 창]을 선택한 경우

여러 개의 워드 파일이 열려 있을 경우 다양한 방식으로 창을 배치할 수 있습니다. [보기] 탭 → [창] 그룹 → [모두 정렬]을 선택하면 현재 열려 있는 모든 워드 파일이 적당한 형식으로 화면에 꽉 차게 정렬됩니다.

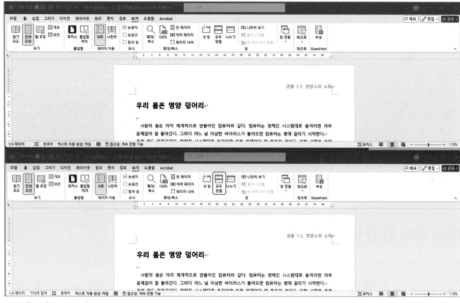

[새 창] → [모두 정렬]을 선택한 경우

[나란히 보기]를 클릭하면 동시 스크롤 기능을 활성화/비활성화할 수 있습니다. [동시 스크롤]을 활성화하면 여러 파일의 내용을 비교할 때 유용하게 쓸 수 있습니다.

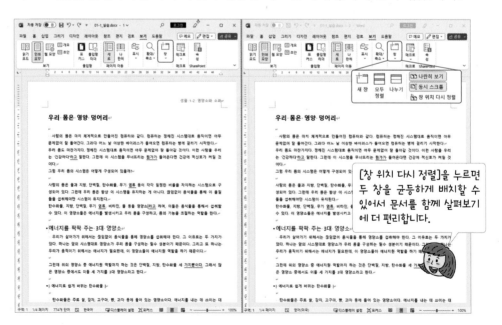

[창 위치 다시 정렬]을 누르면 두 창을 균등하게 배치할 수 있어서 문서를 함께 살펴보기에 더 편리합니다.

양쪽 창 모두 [나란히 보기]와 [동시 스크롤]이 체크 표시된 것을 확인하고 마우스를 스크롤해서 두 화면이 동시에 움직이는 것을 살펴보세요.

편집 기호 표시/숨기기

[홈] 탭 → [단락] 그룹 → [편집 기호 표시/숨기기 ↵]를 클릭하거나 Ctrl + Shift + 8을 누르면 단락 기호 및 그 외 숨겨진 서식 기호를 표시하거나 숨기도록 설정할 수 있습니다.

편집 기호를 화면에 표시할 때 항상 표시할 서식 기호를 직접 지정할 수 있습니다. [파일] → [옵션] → [표시] → [화면에 항상 표시할 서식 기호]에서 나타낼 항목에 체크 표시하면 됩니다.

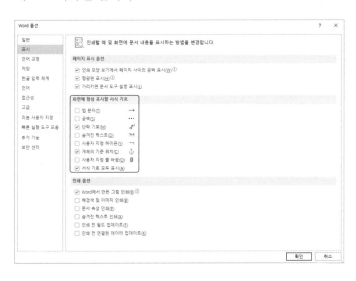

화면 확대/축소하기

문서 전체를 한눈에 봐야 한다면 여러 페이지가 보이도록 화면을 축소하고, 한 페이지 내에서 특정 부분을 세밀하게 조정하려면 화면을 확대하는 것이 좋습니다. 이처럼 필요에 따라서 화면을 축소하거나 확대해서 작업할 수 있습니다.

Ctrl 을 누른 상태에서 마우스 휠을 위/아래로 굴리면 화면이 확대/축소됩니다. 또한 워드 화면의 오른쪽 아래 100%를 클릭하면 화면 비율을 직접 조정할 수 있고, 한 페이지 전체를 화면에 표시하거나 여러 페이지를 한 화면에 나타낼 수도 있습니다.

단, [인쇄 모양]에서는 [확대/축소]의 모든 옵션을 적용할 수 있지만 그 외 보기 모드에서는 일부만 적용됩니다.

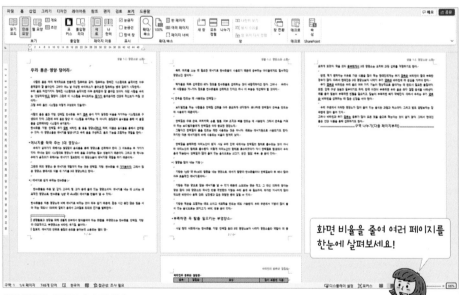

화면 비율을 66%로 축소한 경우

워드 기본

본문 꾸미기

표와 차트

개체 활용

문서 디테일

인쇄 및 배포

공동 작업 기능

01-3
기호와 한자 입력하기

· 실습 파일 없음(새 문서)

문서를 작성하다 보면 키보드로 입력할 수 없는 기호나 한자를 입력해야 하는 경우가 있습니다. 예시를 들 때 ㉠를 사용한다거나 한자로 된 지명이나 이름을 표기하는 경우가 대표적인 예입니다. 워드에서 기호 또는 한자를 입력하는 방법을 살펴보겠습니다.

하면 된다! } 기호 입력하기

한글의 [문자표]와 같은 기능이 워드에도 있습니다. 윈도우 기본 기능보다 더 다양한 기호들이 있으니 원하는 기호를 찾아 사용해 보세요.

함께 보면 좋은
동영상 강의

1. [삽입] 탭 → [기호] 그룹 → [기호] → [다른 기호]를 선택합니다. 최근에 사용한 기호 목록에 원하는 기호가 있으면 바로 선택할 수 있습니다.

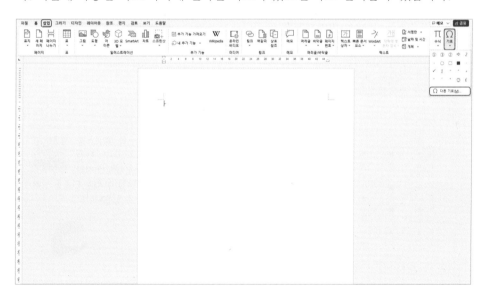

2. ❶ [기호] 대화상자의 [하위 집합]에서 도형 기호를 선택합니다.

❷ 목록에서 원하는 기호를 선택합니다.

❸ [삽입]을 누른 후 ❹ [닫기]를 누릅니다.

커서가 있는 위치에 기호가 삽입됩니다.

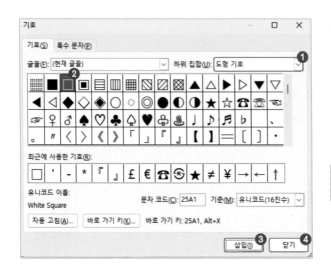

[글꼴]은 '(현재 글꼴)'을 선택한
상태 그대로 둡니다.

 질문 있어요! 기호를 좀 더 간편히 입력하는 방법이 있을까요?

워드에서 제공하는 기호 입력 기능은 조금 번거롭습니다. [삽입] 탭 → [기호] 그룹 → [기호]
를 눌러 기호를 입력하는 방법 외에 좀 더 간단한 방법 몇 가지를 소개합니다. 제대로 작동하
지 않는다면 다른 방법을 적용해 보며 가능한 방법을 알아 두세요.

• 방법 1: 자음을 입력하고 [한자]를 두 번 누릅니다.
• 방법 2: 자음을 입력하고 ⊞ + [/]를 누릅니다.

오른쪽 QR코드를
스캔하면 한글
자음 입력에 따라
선택할 수 있는 기호를 살펴
볼 수 있습니다!

워드 기본

본문 꾸미기

표와 차트

개체 활용

문서 디테일

인쇄 및 배포

자동 작업 기능

하면 된다! ⟩ 자주 사용하는 기호를 바로 가기 키로 등록하기

글꼴 중 기호 문자용 글꼴을 선택하면 다양한 기호를 입력할 수 있습니다.

함께 보면 좋은
동영상 강의

기호 문자용 글꼴은 Wingdings, Wingdings 2, Wingdings 3, Webdings로 총 4개입니다.

기호 문자용 글꼴에 있는 기호를 자주 사용한다면 [바로 가기 키]로 등록해 사용하는 것이 편리합니다. 자주 사용하는 기호를 [바로 가기 키]로 등록해 보겠습니다.

1. ❶ [삽입] 탭 → [기호] 그룹 → [기호] → [다른 기호]를 선택합니다.

    ❷ [기호] 대화상자에서 [글꼴]을 Wingdings 2로 선택하고 ❸ 체크박스 기호를 선택합니다.

    ❹ [바로 가기 키]를 누릅니다.

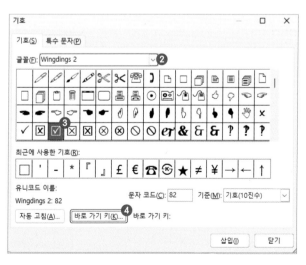

2. [키보드 사용자 지정] 대화상자에서 [새 바로 가기 키]에 원하는 바로 가기 키를 등록합니다. 이미 할당된 바로 가기 키라면 [현재 할당 상태]에 표시되므로 중복되지 않도록 피해서 다른 키를 지정하세요.

❶ 여기에서는 Alt + Shift + 1 을 눌러 입력한 후 ❷ [지정]을 클릭합니다.

❸ [현재 키]에 Alt+!가 표시되면 [닫기]를 누릅니다.

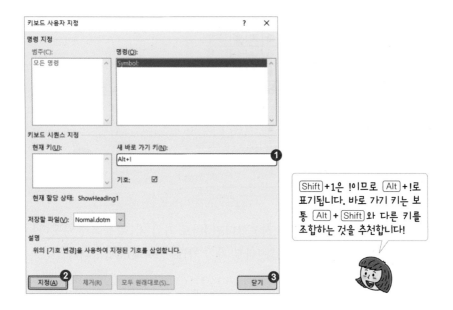

Shift +1은 !이므로 Alt +!로 표기됩니다. 바로 가기 키는 보통 Alt + Shift 와 다른 키를 조합하는 것을 추천합니다!

3. 문서로 돌아가서 등록한 바로 가기 키 Alt + Shift + 1 을 눌러 보세요. 설정한 기호가 손쉽게 입력됩니다.

하면 된다! ⟩ 자주 사용하는 기호를 자동 고침에 등록하기

자주 사용하는 기호를 등록해 사용하는 또 다른 방법은 [자동 고침]
에 등록하는 것입니다. 기호를 [자동 고침]에 등록하는 방법에 대해
알아보겠습니다.

함께 보면 좋은
동영상 강의

1. [삽입] 탭 → [기호] 그룹 → [기호] → [다른 기호]를 선택합니다.

❶ [기호] 대화상자에서 등록할 기호를 선택하고 ❷ [자동 고침]을 누릅니다.

2. ❶ [자동 고침] 대화상자에서 [입력]에 0)를 입력합니다. 이때 입력 문자는 일반
적인 내용을 입력할 때는 잘 쓰이지 않는 것으로 만들어야 합니다. [자동 고침]
으로 등록된 내용은 입력한 순간 바로 변환되어 버리기 때문입니다.

❷ [결과]에 서식 포함이 선택된 상태에서 [추가]를 누르고 ❸ [확인]을 누릅니다.

본문 꾸미기

표와 차트

개체 활용

문서 디테일

인쇄 및 배포

공동 작업 기능

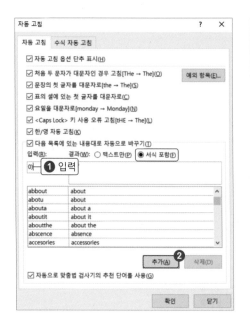
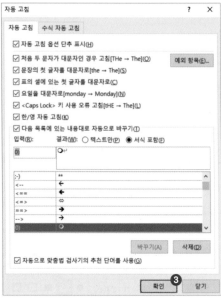

3. ❶ 등록을 마쳤다면 O)를 입력해 보세요. 자동으로 앞서 등록한 기호로 바뀝니다.

　　❷ Ctrl + Z 를 누르면 기호로 바뀐 것이 입력한 대로 되돌려집니다.

 질문 있어요! 다른 기호를 등록하려면 어떻게 해야 하나요?

기호 문자용 글꼴에 있는 기호를 등록할 때는 [결과]에 '서식 포함'이 선택된 상태로 추가해
야 합니다. 현재 글꼴이 [자동 고침]에 추가할
때 선택했던 기호 문자용 글꼴이 아닌 경우
다른 모양의 글자가 나타나기 때문입니다. 반
대로 현재 글꼴에 있는 기호를 [자동 고침]에
등록할 때는 [결과]에 '텍스트만'을 선택한
상태로 추가합니다.

하면 된다! ⟩ 원 문자 입력하기

기호 문자로도 입력할 수 없는 문자가 있습니다. 예를 들어 원 문자 ⑯ 이상이나 ㉲ 같은 문자입니다. 이 경우 원 문자 기능을 이용하면 됩니다.

15 이상은 [기호] 대화상자에서 찾을 수 없어요!

1. 원 문자를 입력하기 위해 [홈] 탭 → [글꼴] 그룹 → [원 문자]를 선택합니다.

2. 먼저 원 문자 ⑯을 만들어 보겠습니다.
- ❶ [원 문자] 대화상자에서 [텍스트]에 16을 입력합니다.
- ❷ [스타일]에서 기호를 크게를 선택하고 ❸ [확인]을 누릅니다.

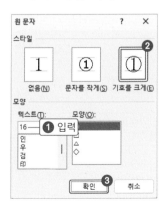

'문자를 작게'를 선택하면 텍스트와 모양이 겹쳐져 보기 싫게 표시됩니다!

워드 기본

본문 꾸미기

표와 차트

개체 활용

문서 디자인

인쇄 및 배포

공동 작업 기능

3. 원 문자 ㉯를 만드는 방법도 마찬가지입니다.

❶ [텍스트]에서 우를 입력하고 ❷ [스타일]에서 기호를 크게를 선택한 후 ❸ [확인]을 누릅니다.

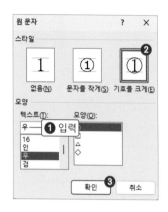

'원 문자' 기능은 필요한 문자를 나타내기 위해 어쩔 수 없이 사용하는 기능이므로 꼭 필요할 때만 사용하는 것이 좋습니다.

하면 된다! } 한자 입력하기

워드에 한자를 입력하는 방법은 매우 간단합니다. 키보드에 있는 [한자] 키만으로도 쉽게 입력할 수 있죠. 한글을 한자로 변환할 수도 있고, 한자와 한글을 병기할 수도 있습니다.

1. 한글을 한자로 변환하기

단어를 입력하고 키보드에서 [한자]를 누르면 단어 단위로 한글을 한자로 변환할 수 있습니다.

❶ 대한민국을 입력하고 [한자]를 누른 다음 ❷ [입력 형태]를 漢字로 선택합니다.

❸ [변환]을 누릅니다.

[고급 기능]이라고 나타나면 클릭해서 아래 버튼을 나타낼 수 있음

2. ❶ 문장을 입력하고 범위를 선택한 뒤 [한자]를 누르면 앞에서부터 순서대로 한
자에 해당하는 단어를 찾아 변환합니다.

❷ 선택한 문장에 한자가 있으면 한글로 변환하는 대화상자가 표시됩니다.

3. 한자 등록하기

등록되지 않은 한자 단어는 새 단어로 추가해 두고 사용할 수 있습니다.

❶ 부산지방국세청을 입력한 후 [한자]를 누릅니다.

❷ [새 단어 등록]과 ❸ [선택]을 눌러가며 한 글자씩 한자로 변환합니다.

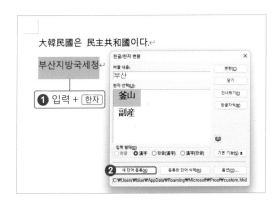

4. ❶ 마지막 글자까지 변환하고 나면 [목록에 추가]를 누릅니다.

   ❷ [닫기]를 눌러 [한글/한자 변환] 대화상자를 닫습니다.

5. 편집 화면으로 돌아와서 부산지방국세청을 입력하고 [한자]를 눌러 보세요. 등록된 한자가 나타나면 [변환]을 눌러 한자로 변환합니다.

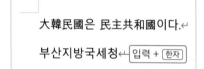

앞으로 자주 사용할 한자어가 있다면 등록해 두는 것을 추천합니다.

01-4
오래 걸리던 문서 작성 시간, 반으로 줄이기

• 실습 파일 01-4_실습.docx   • 완성 파일 01-4_완성.docx

문서를 작성하는 시간을 줄이는 데 유용한 3가지 비법을 소개합니다. 기능을 빠르게 실행할 수 있는 바로 가기 키 기능과 범위를 간편하게 선택하는 기능, 그리고 서식을 빠르게 적용하는 서식 복사 기능입니다. 여기서 다루는 기능만 이해해도 불필요한 작업을 크게 줄일 수 있습니다.

바로 가기 키 3가지

바로 가기 키는 일반적으로 키보드의 특정 키를 동시에 눌러 사용하는 단축키 방식과 리본 탭에 표시된 바로 가기 키를 활용하는 방식이 있습니다. 리본 탭의 바로 가기 키는 Alt 를 누르면 나타나며, 원하는 명령을 빠르게 실행할 수 있습니다.

또, 제목 표시줄 왼쪽에 있는 빠른 실행 도구 모음도 바로 가기 키에 해당합니다. Alt + 1 ~ 9 를 눌러 실행할 수 있기 때문입니다. 빠른 실행 도구 모음에 자주 사용하는 기능을 추가해 두면 작업 효율을 크게 높일 수 있습니다.

상황별 바로 가기 키

워드는 사용자가 목적에 따라 활용할 수 있는 다양한 바로 가기 키를 제공합니다. 자주 사용하는 기능은 바로 가기 키를 외워 활용하는 것을 추천합니다.

❶ 파일 관련

작업	바로 가기 키	작업	바로 가기 키
새 문서 만들기	Ctrl + N	인쇄	Ctrl + P
문서 열기	Ctrl + O	방금 작업 실행 취소	Ctrl + Z
문서 저장	Ctrl + S	가능한 경우 방금 작업 재실행	Ctrl + Y
다른 이름으로 저장	F12	리본 메뉴 확장/축소	Ctrl + F1
문서 닫기	Ctrl + W	컨텍스트 메뉴 표시	Shift + F10
모든 항목 선택	Ctrl + A		

❷ 서식 관련

작업	바로 가기 키	작업	바로 가기 키
굵게 서식 적용	Ctrl + B	단락 가운데 맞춤	Ctrl + E
기울임꼴 서식 적용	Ctrl + I	단락 왼쪽 맞춤	Ctrl + L
밑줄 서식 적용	Ctrl + U	단락 오른쪽 맞춤	Ctrl + R
아래 첨자 서식 적용	Ctrl + −	단락 양쪽 맞춤	Ctrl + J
위 첨자 서식 적용	Ctrl + Shift + −	편집 기호 표시/숨기기	Ctrl + Shift + 8
글꼴 크기 1포인트 줄이기	Ctrl + [	서식 복사	Ctrl + Alt + C
글꼴 크기 1포인트 늘리기	Ctrl +]	서식 붙여넣기	Ctrl + Alt + V

❸ 이동 관련

작업	바로 가기 키
커서를 단어 단위로 왼쪽/오른쪽으로 이동	Ctrl + ← / →
커서를 단락 단위로 위쪽/아래쪽으로 이동	Ctrl + ↑ / ↓
커서를 현재 화면 위쪽으로 이동	Ctrl + Alt + PgUp
커서를 현재 화면 아래쪽으로 이동	Ctrl + Alt + PgDn
커서를 이전 페이지 첫 위치로 이동	Ctrl + PgUp
커서를 다음 페이지 첫 위치로 이동	Ctrl + PgDn
커서를 문서 처음으로 이동	Ctrl + Home
커서를 문서 마지막으로 이동	Ctrl + End
커서를 이전 위치로 순차적으로 이동	Shift + F5
이동 대화상자를 의미함	Ctrl + G

❹ 범위 선택 관련

작업	바로 가기 키
범위 선택	Shift + ← / →
단어 단위 범위 선택	Ctrl + Shift + ← / →
단락 단위 범위 선택	Ctrl + Shift + ↑ / ↓
현재 커서 위치에서 줄 앞까지 범위 선택	Shift + Home
현재 커서 위치에서 줄 끝까지 범위 선택	Shift + End

현재 커서 위치에서 현재 단락 시작까지 범위 선택	Ctrl + Shift + ↑
현재 커서 위치에서 현재 단락 끝까지 범위 선택	Ctrl + Shift + ↓
현재 커서 위치에서 화면 위쪽까지 범위 선택	Shift + PgUp
현재 커서 위치에서 화면 아래쪽까지 범위 선택	Shift + PgDn
현재 커서 위치에서 문서 처음까지 범위 선택	Ctrl + Shift + Home
현재 커서 위치에서 문서 끝까지 범위 선택	Ctrl + Shift + End
선택 영역 확장	F8
선택 영역 축소	Shift + F8
세로 블록으로 텍스트 선택	Ctrl + Shift + F8

❺ 편집 관련

작업	바로 가기 키
오른쪽 한 단어 삭제	Ctrl + Delete
왼쪽 한 단어 삭제	Ctrl + Backspace
선택한 텍스트를 원하는 위치로 이동, Enter 를 누르면 나타남	F2
선택한 텍스트를 원하는 위치로 복사, Enter 를 누르면 나타남	Shift + F2
페이지 나누기	Ctrl + Enter
줄바꿈	Shift + Enter
단락 들여쓰기	Ctrl + M
단락 들여쓰기 해제	Ctrl + Shift + M
단락 첫 줄 내어쓰기	Ctrl + T
단락 첫 줄 내어쓰기 해제	Ctrl + Shift + T
단락 서식 제거	Ctrl + Q
단락 간격 1	Ctrl + 1
단락 간격 2	Ctrl + 2
단락 간격 1.5	Ctrl + 5
단락 앞 간격 추가/제거	Ctrl + 0
선택한 단락을 위쪽/아래쪽으로 이동	Alt + Shift + ↑ / ↓

❻ 표 관련

03-1절에서 유용하게 쓸 수 있어요!

작업	바로 가기 키	작업	바로 가기 키
다음 셀로 이동	Tab	이전 셀로 이동	Shift + Tab
행의 첫 번째 셀로 이동	Alt + Home	행의 마지막 셀로 이동	Alt + End
열의 첫 번째 셀로 이동	Alt + PgUp	열의 마지막 셀로 이동	Alt + PgDn
현재 선택된 행 아래로 이동	Alt + Shift + ↓	현재 선택된 행 위로 이동	Alt + Shift + ↑
셀 범위 선택	Shift + ↓	셀에 탭(Tab) 문자 삽입	Ctrl + Tab
선택 범위 내용 지우기	Delete	선택 범위 지우기	Backspace

하면 된다! ⟩ 리본 탭에서 바로 가기 키 이용하기

리본에 표시되는 모든 항목에 접근할 수 있는 바로 가기 키가 있습니다. Alt 를 누르면 기능 아래에 바로 가기 키가 표시되고, 키를 입력하면 차례대로 다음 키가 표시되어 마우스를 이용하지 않고도 기능을 선택할 수 있습니다. 네 번째 줄 '한나 씨'로 시작하는 단락을 꾸며보겠습니다.

함께 보면 좋은
동영상 강의

1. 커서를 네 번째 줄 한나 씨 앞에 두고 Alt 를 누른 후 손을 뗍니다. 그럼 각 메뉴에 맞는 바로 가기 키가 나타납니다. [삽입] 탭을 보니 리본에 'N'이라고 쓰여 있습니다. 키보드의 N 을 누르세요.

Alt 를 누르면 단축키가 리본에 표시됩니다!

2. [텍스트] 그룹의 [단락의 첫 문자 장식]을 나타내는 R, C 를 누릅니다.

3. [본문]을 선택한 상태에서 Enter 를 누르면 단락의 첫 글자인 한이 세 줄에 걸쳐 크게 꾸며집니다.

하면 된다! } 자주 쓰는 기능을 빠른 실행 도구 모음에 추가하기

'빠른 실행 도구 모음'은 워드 화면 왼쪽 상단에 기능을 모아 두는 바로 가기 기능입니다. [자동 저장], [저장], [입력 취소], [입력 반복] 순서로 4가지 기능이 기본 내장되어 있습니다. 각 기능은 Alt + 1, Alt + 2, Alt + 3, Alt + 4 를 누르면 실행됩니다. 앞서 실습한 [단락의 첫 문자 장식] 기능을 빠른 실행 도구 모음에 추가해 보겠습니다.

1. [삽입] 탭 → [텍스트] 그룹 → [단락의 첫 문자 장식]에 마우스 오른쪽 버튼을 눌러 나타난 메뉴에서 [빠른 실행 도구 모음에 추가]를 선택합니다.

2. 등록한 빠른 실행 도구를 사용해서 네 번째 줄의 [단락의 첫 문자 장식]을 해제해 보겠습니다. Alt + 5 를 눌러 [빠른 실행 도구 모음]에 추가해 둔 [단락의 첫 문자 장식]을 [없음]으로 설정합니다.

빠른 실행 도구 모음은 총 9개까지 등록할 수 있습니다!

01 · 기본 문서 편집에 필요한 모든 것 **49**

3. [빠른 실행 도구 모음]에 추가된 항목을 제거하려면 [빠른 실행 도구 모음] 해당 항목에서 마우스 오른쪽 버튼을 눌러 [빠른 실행 도구 모음에서 제거]를 선택합니다.

범위를 선택하는 초간단 방법

서식, 스타일 등 특정 기능을 적용하려면 먼저 해당 범위를 선택해야 합니다. 보통 마우스를 클릭, 드래그해서 범위를 선택하지만, 이 작업도 일일이 반복하다 보면 피로감이 쉽게 쌓일 수 있습니다. 이번에는 워드에서 범위를 선택하는 여러 가지 방법을 알려 드리겠습니다. 직접 실습해 보고 상황에 따라 선택해서 사용해 보길 추천합니다.

함께 보면 좋은
동영상 강의

하면 된다! ⟩ 마우스 클릭 한 번으로 범위 선택하기

1. 첫 번째 줄 박물관에 커서를 두고 더블클릭하면 단어가 선택됩니다.

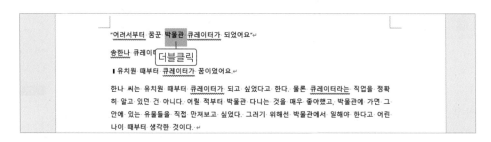

2. 한 번 클릭하면 선택이 해제되고, 세 번 클릭하면 단락이 선택됩니다.

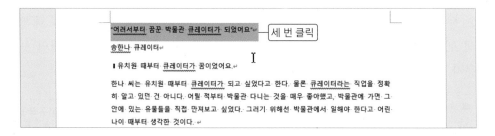

워드 기본

본문 꾸미기

표와 차트

개체 활용

문서 디테일

인쇄 및 배포

공동 작업 기능

3. 왼쪽 여백에 커서를 두고 한 번 클릭하면 줄이 선택됩니다.

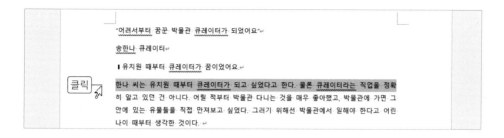

4. 더블클릭하면 단락이 선택됩니다.

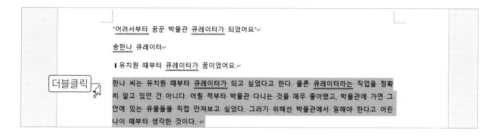

5. 세 번 클릭하면 문서 전체가 선택됩니다.

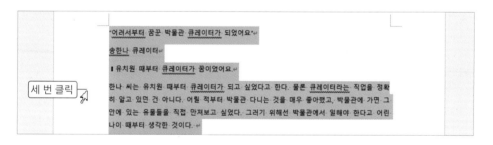

하면 된다! ⦆ 키보드로 범위 빠르게 선택하기

1. 네 번째 줄 한나 씨 앞에 커서를 두고 [F8]을 누른 뒤 오른쪽 방향키를 누르면 누른 만큼 해당 방향으로 선택 범위가 확장됩니다. 선택 범위 확장을 중지하려면 [Esc]를 누릅니다.

2. 다시 한나 씨 앞에 커서를 두고 [F8]을 두 번 누르면 현재 커서 위치의 단어가 선택됩니다.

3. 이 상태에서 [F8]을 한 번 더 누릅니다. 문장이 선택됩니다.

4. 한 번 더 [F8]을 누릅니다. 즉 [F8]을 네 번 누른 상태이며, 단락이 선택됩니다.

5. 다시 한나 씨 앞에 커서를 두고 [Ctrl] + [Shift] + [F8]을 누르고 오른쪽 방향키를 한 번, 아래쪽 방향키를 세 번 누릅니다. 세로 방향으로 범위가 선택됩니다.

워드 기본

본문 꾸미기

표와 차트

개체 활용

문서 디자인

인쇄 및 배포

공동 작업 기능

서식을 빠르게 적용하는 방법 – 서식 복사

서식을 단락마다 일일이 지정하려면 시간이 오래 걸립니다. 이때 기본 단락에 자주 쓰는 서식을 적용한 뒤 해당 서식이 필요할 때마다 복사해 붙여넣으면 좀 더 빠르게 서식을 적용할 수 있습니다. 이 기능이 바로 '서식 복사'이며 [홈] 탭 → [클립보드] 그룹 → [서식 복사 ✦]를 눌러 실행할 수 있습니다.

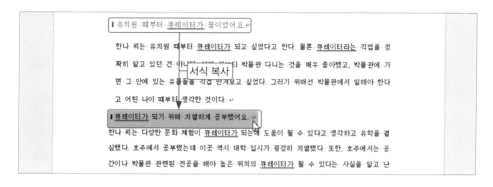

하면 된다! ⟩ 서식 복사로 빠르게 문서 만들기

첫 단락은 [단락] 대화상자에서 서식을 적용하고 두 번째 단락부터는 서식 복사를 활용해서 서식을 적용해 보겠습니다.

함께 보면 좋은
동영상 강의

1. 내용만 입력된 문서에 서식을 적용해 보겠습니다.

❶ Ctrl + A 를 눌러 모든 내용을 선택합니다.

❷ 마우스 오른쪽 버튼을 눌러 [단락]을 선택합니다.

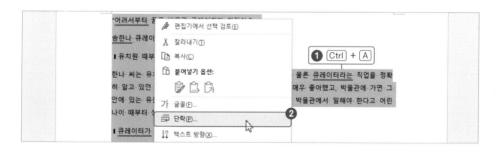

2. ① [단락] 대화상자에서 [단락 뒤] 간격을 0pt로 선택합니다.

② [줄 간격]은 1.5줄로 지정합니다.

③ [확인]을 누릅니다.

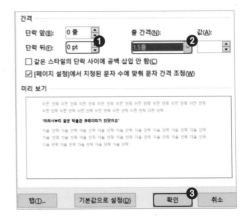

3. Ctrl + D를 눌러 [글꼴] 대화상자에서 [한글 글꼴]을 바탕으로 선택하고 [확인]을 누릅니다.

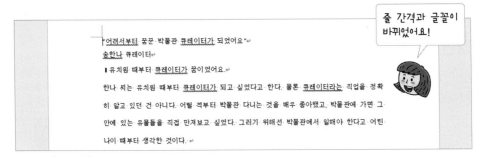

줄 간격과 글꼴이 바뀌었어요!

4. ① 첫 번째 줄을 선택한 후 ② Ctrl + D를 눌러 [글꼴] 대화상자에서 [글꼴 스타일]은 굵게, [크기]는 18로 선택하고 [확인]을 누릅니다. Ctrl + E를 눌러 가운데 정렬합니다.

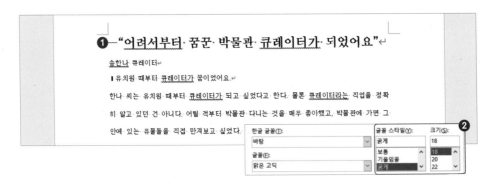

5. ❶ 세 번째 줄을 선택하고 ❷ Ctrl + D를 눌러 [글꼴] 대화상자를 연 뒤 [크기]
는 11, ❸ [글꼴 색]은 파랑을 선택하고 [확인]을 누릅니다.

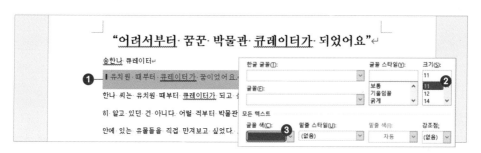

6. ❶ 글자가 파란색인 문단이 선택된 상태에서 마우스 오른쪽 버튼을 눌러 [단락]
을 선택합니다. ❷ [단락] 대화상자에서 간격을 [단락 앞]은 10pt, [단락 뒤]는
5pt로 단위까지 입력하고 [확인]을 누릅니다.

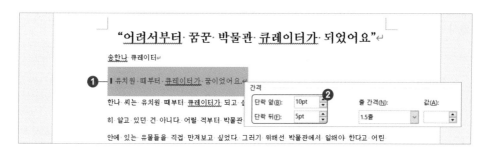

7. ❶ 네 번째 줄 한나 씨로 시작하는 단락을 선택하고 ❷ [단락] 대화상자의 [들여쓰
기]에서 [왼쪽]에 1글자를 설정한 뒤 [확인]을 누릅니다.

워드 기본

본문 꾸미기

표와 차트

개체 활용

문서 디테일

인쇄 및 배포

공동 작업 기능

8. 이제 두 번째 줄 송한나 큐레이터에 첫 번째 줄 서식을 복사해 적용하겠습니다. ❶ 첫 번째 줄에 커서를 두고 ❷ [홈] 탭 → [클립보드] 그룹 → [서식 복사]를 선택합니다.

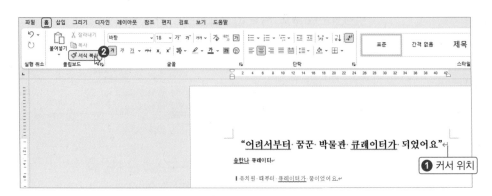

9. 커서가 붓 모양으로 바뀐 상태에서 서식을 붙여넣을 범위를 드래그하면 서식이 복사됩니다.

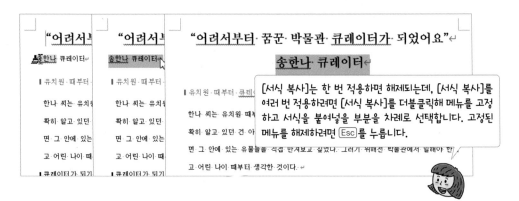

> [서식 복사]는 한 번 적용하면 해제되는데, [서식 복사]를 여러 번 적용하려면 [서식 복사]를 더블클릭해 메뉴를 고정하고 서식을 붙여넣을 부분을 차례로 선택합니다. 고정된 메뉴를 해제하려면 Esc 를 누릅니다.

10. ❶ 세 번째 줄 유치원 때부터~에 커서를 두고 ❷ [홈] 탭 → [클립보드] 그룹 → [서식 복사]를 더블클릭합니다.

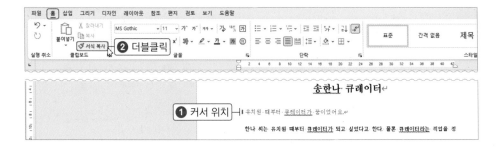

11. 커서가 붓 모양으로 바뀐 상태에서 마우스로 드래그해 소제목 부분에 [서식 복사]를 붙여넣습니다. 동일한 서식을 적용할 내용이 있다면 같은 방법으로 서식을 복사합니다. [서식 복사]를 완료하면 [Esc]를 눌러 [서식 복사]를 종료합니다.

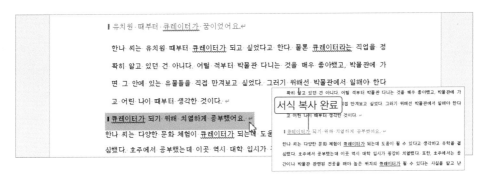

12. 이번에는 바로 가기 키를 이용해 서식을 복사해 보겠습니다.

❶ 네 번째 줄에 커서를 두고 [Ctrl] + [Alt] + [C]를 누릅니다.

❷ 큐레이터가 되기 위해 치열하게 공부했어요. 아래 단락을 선택하고 [Ctrl] + [Alt] + [V]를 누릅니다. 같은 방법으로 박물관에 대한 인식을 바꾸고 싶어요. 아래 단락들에도 [서식 복사]를 적용합니다.

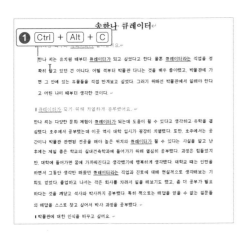

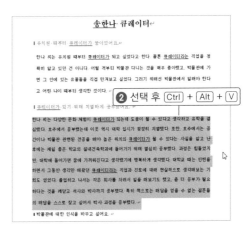

13. 마지막 줄의 출처는 [글꼴 크기] 8, 오른쪽 맞춤을 적용합니다.

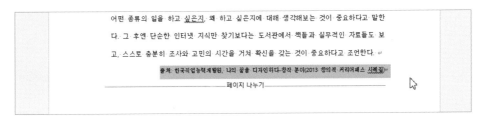

워드 기본

본문 꾸미기

표와 차트

개체 활용

문서 디자인

인쇄 및 배포

공동 작업 기능

보고서 개요 작성해 보기

새 문서를 만들고 완성 파일과 비교해 가며 보고서를 작성해 보세요. 이때 [개요] 보기로 전환해서 수준 1과 수준 2에 해당하는 내용을 먼저 작성하고 본문 내용을 채워 보세요. '해수면 상승' 뒤에 위쪽 화살표 기호(↑)를 삽입하고, '생물다양성 감소' 뒤에 아래쪽 화살표 기호(↓)를 삽입하세요.

• 완성 파일 보고서 미션_01.docx

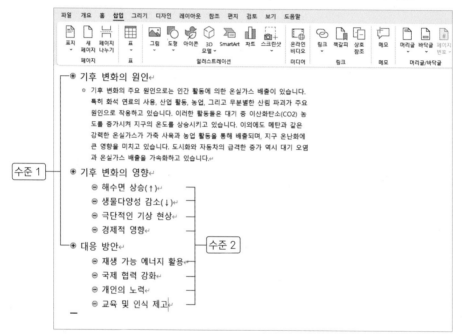

 힌트!

• 보기 모드는 [보기] 탭 → [보기] 그룹에서 설정할 수 있습니다. 24쪽 참고
• 화살표 기호는 키보드로 입력할 수 없습니다. 워드에서는 [삽입] 탭 → [기호] 그룹 → [기호] → [다른 기호]를 선택하면 나타나는 [기호] 대화상자에서 찾을 수 있습니다. 35쪽 참고

맨 앞부분만 서식을 바꾸고 싶어요!

워드 문서를 작성하다가 특정 부분을 강조하고 싶을 때 드래그해서 해당 범위를 선택하고 서식을 적용합니다. 이때 가로 방향이 아닌 세로 방향으로도 범위를 선택할 수 있습니다.

1. Alt 를 누른 채로 해당 영역을 드래그하면 세로 방향으로 범위를 지정할 수 있습니다. 단, 글머리 기호와 같은 서식이 적용된 경우는 이 방법으로 범위를 선택할 수 없습니다.

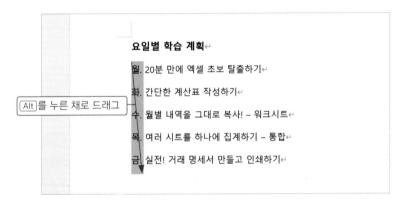

2. 범위가 선택된 상태에서 Ctrl + B 를 누르면 해당 부분만 [굵게] 서식이 적용됩니다.

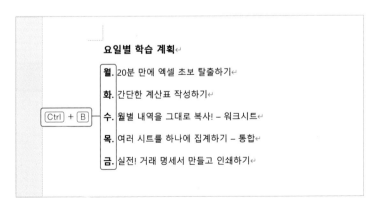

문서의 가독성을 높이는 서식 설정법

보고서를 보기 좋게 정리하려면 내용의 중요도에 맞게 서식을 설정해야 합니다. 워드에서는 스타일 기능과 테마 기능으로 서식을 단번에 적용하고 수정할 수 있습니다. 이 외에도 항목을 나열할 때 유용한 번호 매기기와 다단계 목록, 그리고 문서를 깔끔하게 완성해 주는 다양한 서식 기능을 살펴보겠습니다.

이 장의 목표

☑ 페이지 여백을 설정할 수 있다.

☑ 문서에 스타일과 테마를 적용할 수 있다.

☑ 글머리 기호와 번호 매기기 기능을 사용해서 항목을 나열할 수 있다.

권 드 기 본

본 문 꾸 미 기

표 와 차 트

개 체 활 용

문 서 디 테 일

인 쇄 및 배 포

공 동 작 업 기 능

02-1

페이지 설정의 기본, 용지와 여백

• 실습 파일 02-1_실습.docx

문서 작성을 할 때 처음 해야 하는 작업은 페이지 설정입니다. 용지 종류를 선택하고 여백을 설정한 상태에서 문서 작성을 해야 표와 그림 등의 개체가 문서 너비에 맞게 자동으로 배치됩니다. 개체를 삽입한 후에 용지 종류와 여백을 설정하면 일일이 문서 너비에 맞게 개체의 너비나 위치를 수정해야 할 수도 있습니다.

하면 된다! ⟩ 용지 종류와 여백 설정하기

1. ❶ [레이아웃] 탭 → [페이지 설정] 그룹 → [크기]를 선택해 여러 규격의 용지 종류 중에서 하나를 선택합니다.

❷ 원하는 규격 용지가 없거나 더 정확한 용지 종류 및 크기를 설정하려면 맨 아래 [기타 용지 크기]를 선택해 [페이지 설정] 대화상자에서 설정합니다.

함께 보면 좋은
동영상 강의

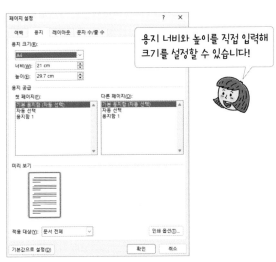

용지 너비와 높이를 직접 입력해 크기를 설정할 수 있습니다!

2. ❶ 용지 여백을 설정하기 위해서 [여백] 탭
   을 선택합니다.

   ❷ [위쪽], [아래쪽]에 각각 '머리글', '바닥
   글'을 나타낼 공간을 포함해 여백을 설정해
   야 합니다. [위쪽], [아래쪽] 여백을 2.5cm
   로, [왼쪽], [오른쪽] 여백을 2cm로 설정합
   니다.

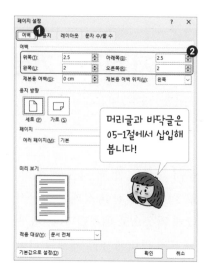

3. ❶ [레이아웃] 탭을 선택합니다.

   ❷ [머리글/바닥글] 여백을 '가장자리에서'
   각각 1cm로 설정합니다.

   ❸ [확인]을 눌러 마무리합니다.

하면 된다! 〉 한 문서 내에서 용지 방향 변경하기

하나의 문서에서 용지를 세로 방향으로 설정한 페이지와 가로 방
향으로 설정한 페이지를 동시에 사용할 수 있습니다. 또한 문서를
작성할 때 A4 용지가 기본이지만 필요에 따라 A3나 A5 용지를 쓸
경우가 있는데, 이때에도 하나의 문서에서 페이지에 따라 용지 크
기를 다르게 설정할 수 있습니다.

함께 보면 좋은
동영상 강의

1. ❶ 첫 번째 페이지의 입력된 내용 끝에 커서를 두고 ❷ [레이아웃] 탭 → [페이지 설정] 그룹 → ↘를 선택합니다.

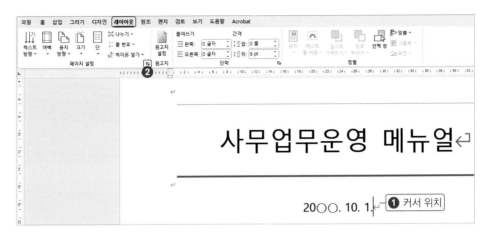

2. ❶ [페이지 설정] 대화상자에서 [여백] 탭 → [용지 방향] → 가로로 설정합니다.
❷ [적용 대상]에서 현재 위치 다음부터를 선택한 후 ❸ [확인]을 누릅니다.

3. 커서가 있던 위치에 '구역 나누기(다음 페이지부터)'라는 편집 기호가 나타나고, 다음 페이지는 용지가 가로 방향으로 바뀌어 있습니다.

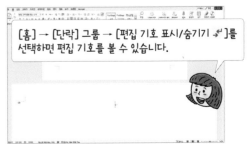

[홈] → [단락] 그룹 → [편집 기호 표시/숨기기 ✏]를 선택하면 편집 기호를 볼 수 있습니다.

4. 세 번째 페이지부터는 용지 방향을 다시 세로로 되돌려 보겠습니다.

❶ 두 번째 페이지에 커서를 두고 (Enter)를 한 번 누른 후 ❷ [레이아웃] 탭 → [페이지 설정] 그룹 → ⌐ 를 선택합니다.

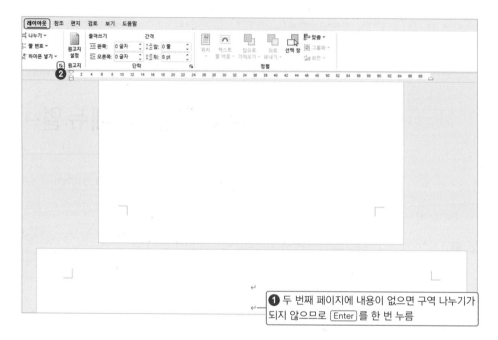

❶ 두 번째 페이지에 내용이 없으면 구역 나누기가 되지 않으므로 (Enter)를 한 번 누름

5. ❶ [페이지 설정] 대화상자에서 [용지 방향]을 세로로 선택합니다.

❷ [적용 대상]은 현재 위치 다음부터로 선택합니다.

❸ [확인]을 누릅니다.

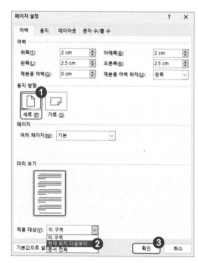

[적용 대상]에 '이 구역'이란 항목이 추가로 나타나 있는데, 현재 페이지의 용지 방향을 바꾸는 것이 아니므로 앞에서처럼 '현재 위치 다음부터'를 선택하는 것입니다.

6. 세 번째 페이지가 표시되며, 용지 방향이 세로로 변경되었습니다.

Backspace 를 누르면 추가한 페이지가 제거됨

💡 **질문 있어요!** **페이지를 나눌 때 Enter 를 여러 번 누르지 않고 한 번에 나눌 수 있나요?**

한 페이지에 내용을 꽉 채워 작성하지 않고 다음 페이지로 넘어가야 할 때 Enter 를 여러 번 눌러 넘어가는 경우가 있습니다. 이렇게 해도 원하는 결과를 얻을 수는 있지만 불편한 방법 입니다. 또, 특정한 내용이 페이지의 첫 위치에 나타내려고 Enter 를 여러 번 눌러 맞춰놓으 면 문서 편집을 하면서 위치가 달라지기도 합니다.

이런 경우 [페이지 나누기] 바로 가기 키 Ctrl + Enter 를 누르면 단번에 페이지를 넘길 수 있습니다.

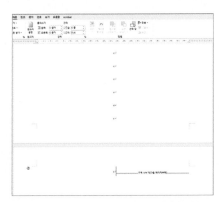 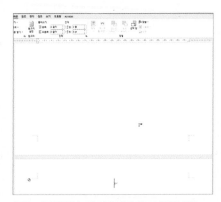

Enter 를 여러 번 눌러 다음 페이지로 넘어간 경우   Ctrl + Enter 를 눌러 다음 페이지로 넘어간 경우

하면 된다! } 문서에 배경색 추가하기

글꼴에 서식을 적용하듯 페이지에도 색을 넣어 보겠습니다.

1. ❶ [디자인] 탭 → [페이지 배경] 그룹 → [페이지 색]을 선택하고 ❷ [테마 색: 파
   랑, 강조 5, 80% 더 밝게]를 선택합니다. 모든 페이지에 색이 적용됩니다.

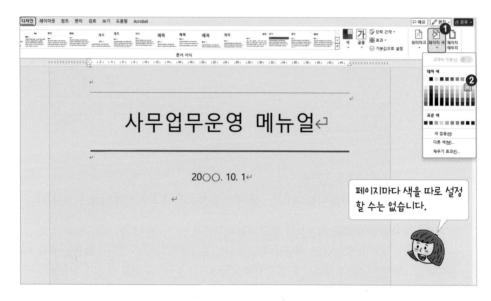

2. 이렇게 적용한 페이지 색은 인쇄할 때 함께 인쇄되지 않습니다. 페이지 색까지
인쇄하려면 먼저 [파일] → [옵션]을 선택해 [Word 옵션] 대화상자를 엽니다.
   ❶ [표시]를 클릭하고 ❷ [인쇄 옵션]에서 [배경색 및 이미지 인쇄]에 체크 표시한
뒤 ❸ [확인]을 누릅니다.

3. 배경색을 없애려면 [디자인] 탭 → [페이지 배경] 그룹 → [페이지 색] → [색 없음]을 선택합니다.

하면 된다! ⟩ 배경에 워터마크 넣기

워터마크는 문서에 반투명한 이미지나 텍스트를 배경으로 삽입해 중요한 메시지나 상태를 표시하는 기능으로, 주로 '기밀', '초안' 등을 표시할 때 사용됩니다. 문서 배경에 자연스럽게 나타나 본문 내용을 방해하지 않으면서도 시각적으로 인식할 수 있게 표시합니다. 여기서는 타인이 문서 내용을 마음대로 복제하지 못하도록 '복사 금지' 워터마크를 삽입해 보겠습니다.

1. [디자인] 탭 → [페이지 배경] 그룹 → [워터마크] → [복사 금지 1]을 선택합니다.

2. 마찬가지로 [디자인] 탭 → [페이지 배경] 그룹 → [워터마크] → [워터마크 제거]를 선택하면 삽입한 워터마크를 쉽게 제거할 수 있습니다.

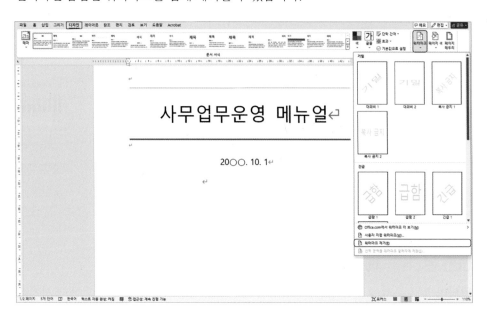

 질문 있어요! **워터마크에 원하는 글자를 넣을 수도 있나요?**

[사용자 지정 워터마크]를 지정해서 그림을 선택하거나 원하는 문구를 직접 나타낼 수 있습니다. [디자인] 탭 → [페이지 배경] 그룹 → [워터마크] → [사용자 지정 워터마크]를 눌러 [워터마크] 대화상자를 연 다음 [텍스트 워터마크] → [텍스트]를 수정하면 됩니다. 글꼴과 크기, 색, 레이아웃도 설정할 수 있습니다.

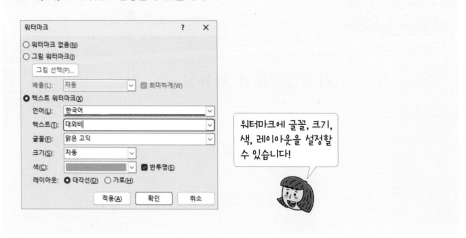

워드 기본

본문 꾸미기

표와 차트

개체 활용

문서 디테일

인쇄 및 배포

공동 작업 기능

02-2
서식을 일관성 있게! 스타일 적용하기

• 실습 파일 02-2_실습.docx • 완성 파일 02-2_완성.docx

문서를 제목 – 소제목 – 본문 순으로 작성하는 경우 보통 서식을 다르게 지정하여 수준을 구분합니다. 이때 소제목의 크기 또는 색상을 바꿔야 한다면 모든 소제목에 바뀐 서식을 동일하게 적용해야 하죠. 짧은 문서라면 일일이 작업해도 금방 끝나겠지만, 여러 페이지의 문서라면 너무 번거로울 것입니다. 또한 서식이 통일되지 않으면 완성도가 떨어져 보이므로 한 사람이 만드는 문서뿐만 아니라 한 부서, 한 기관에서 만드는 문서는 일관성이 있어야 합니다.

이러한 문제를 해결해 주는 것이 '스타일' 기능입니다. 스타일 기능으로 일관된 서식을 유지할 수 있습니다. 다음 표를 참고해서 3개 수준의 스타일을 만들고 보고서에 바로 적용해 보겠습니다.

스타일	글머리 기호	글꼴 서식	단락 서식
글머리표1	□	글꼴/한글 글꼴: 바탕, 글꼴 크기: 14pt, 글꼴 스타일: 굵게	들여쓰기 왼쪽: 0cm, 단락 앞 간격: 15pt, 단락 뒤 간격: 8pt, 줄 간격: 배수, 1.08
글머리표2	○	글꼴/한글 글꼴: 바탕, 글꼴 크기: 12pt, 글꼴 스타일: 보통	단락 뒤 간격: 0pt
글머리표3	-	글꼴/한글 글꼴: 바탕, 글꼴 크기: 12pt	들여쓰기 왼쪽: 1.41cm, 단락 뒤 간격: 0pt

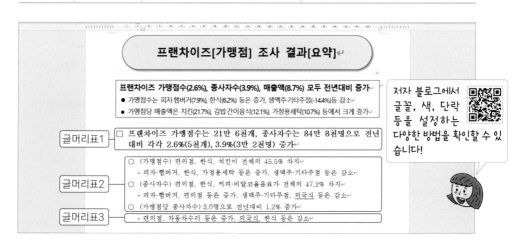

하면 된다! } 개요를 위한 스타일 만들기

단락의 수준을 구분할 3가지 스타일을 만들어 보겠습니다.

함께 보면 좋은
동영상 강의

첫 번째 스타일 만들기

1. ❶ 프랜차이즈 가맹점수는~으로 시작하는 단락을 선택합니다.

❷ [홈] 탭 → [스타일] 그룹 → ⊽를 눌러 ❸ [스타일 만들기]를
선택합니다.

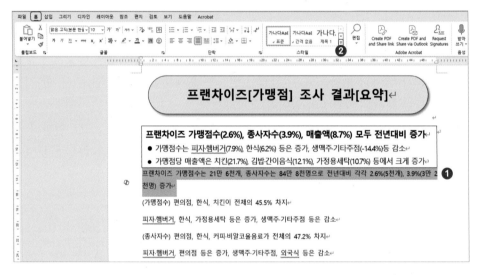

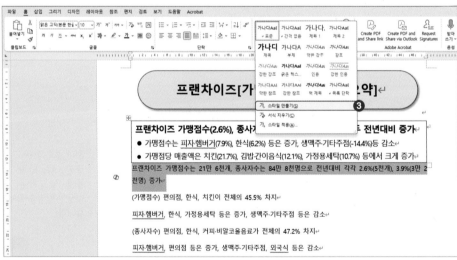

원드 기본

본문 꾸미기

표와 차트

개체 활용

문서 디테일

인쇄 및 배포

공동 작업 기능

2. ❶ [서식에서 새 스타일 만들기] 대화상자에서 [이름]에 글머리표1을 입력한 후
❷ [수정]을 누릅니다.
❸ 적용하려는 스타일에 맞게 서식을 수정하기 위해 왼쪽 아래 [서식]을 누르고
❹ [글꼴]을 선택합니다.

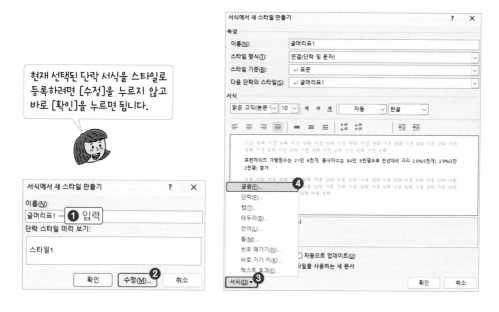

현재 선택된 단락 서식을 스타일로
등록하려면 [수정]을 누르지 않고
바로 [확인]을 누르면 됩니다.

3. ❶ [글꼴] 대화상자에서 [한글 글꼴] 바탕, [글꼴] 바탕, [글꼴 스타일] 굵게, [크기]
14로 설정하고 **❷** [확인]을 누릅니다.

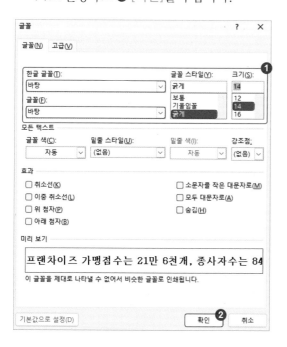

4. ❶ 이번에는 [서식] → [번호 매기기]를 선택합니다.

❷ [번호 매기기 및 글머리 기호] 대화상자에서 [글머리 기호] 탭 → [새 글머리 기호 정의]를 선택합니다.

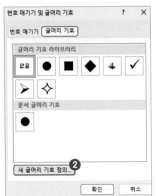

5. ❶ [새 글머리 기호 정의] 대화상자에서 [기호]를 선택해 [기호] 대화상자를 실행합니다.

❷ [글꼴] (현재 글꼴), ❸ [하위 집합] 도형 기호, ❹ 기호 □를 선택합니다.

❺ [확인]을 계속 눌러 [서식에서 새 스타일 만들기] 대화상자로 돌아옵니다.

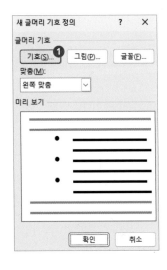

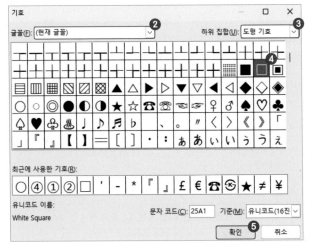

워드 기본

본문 꾸미기

표와 차트

개체 활용

문서 디자인

인쇄 및 배포

공동 작업 기능

6. ❶ 이번에는 [서식] → [단락]을 선택해 [단락] 대화상자를 실행합니다.

❷ 들여쓰기는 [왼쪽] 0cm, ❸ 간격은 [단락 앞] 15pt로 입력합니다.

❹ [단락 뒤]는 기본값이 8pt, [줄 간격] 배수, [값] 1.08로 되어 있는데, 만약 다르다면 직접 입력합니다. ❺ 모두 입력하였다면 [확인]을 누릅니다.

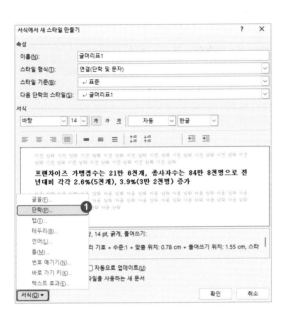
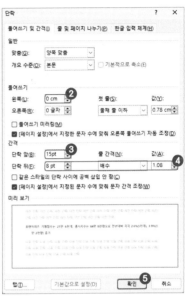

7. 새 스타일에 적용하려는 서식을 모두 선택했습니다. [확인]을 눌러 새 스타일을 만듭니다.

8. [스타일] 목록에 새로 만든 '글머리표1' 스타일이 추가되었고, 선택한 단락에 스타일이 적용되었습니다.

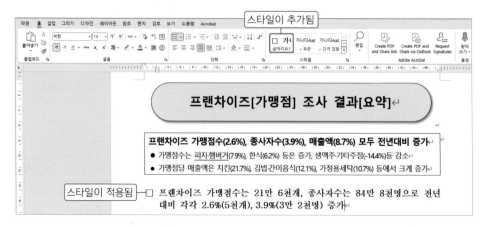

두 번째 스타일 만들기

1. ❶ (가맹점수) 편의점~으로 시작하는 단락을 선택합니다.

  ❷ [홈] 탭 → [스타일] 그룹 → ⬇ → [스타일 만들기]를 선택합니다.

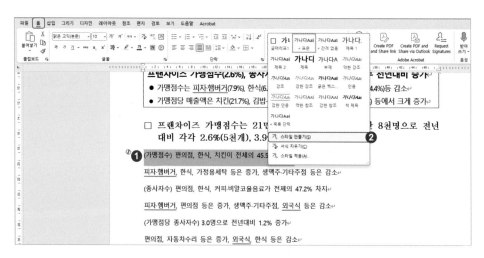

2. ❶ [서식에서 새 스타일 만들기] 대화상자에서 [이름]에 글머리표2를 입력하고 ❷ [수정]을 누릅니다.

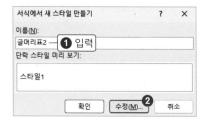

3. ❶ [서식] → [글꼴]을 선택해 [글꼴] 대화상자를 실행합니다.

   ❷ [한글 글꼴] 바탕, [글꼴] 바탕, [글꼴 스타일] 보통, [크기] 12로 설정한 후 ❸
   [확인]을 누릅니다.

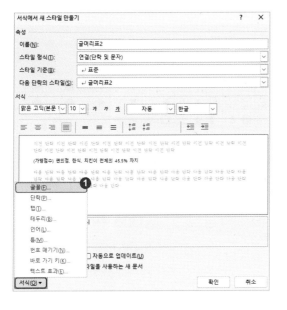

4. ❶ 이번에는 [서식] → [번호 매기기]를 선택합니다.

   ❷ [글머리 기호] 탭 → [새 글머리 기호 정의]를 선택합니다.

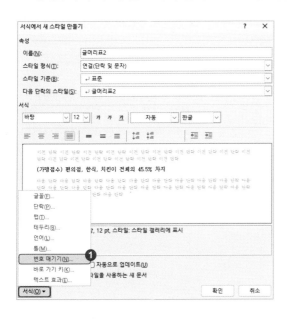

5. ❶ [새 글머리 기호 정의] 대화상자에서 [글머리 기호]를 [기호]로 선택해 [기호] 대화상자를 실행합니다.

❷ [글꼴] (현재 글꼴), ❸ [하위 집합] 도형 기호, ❹ 기호 ○를 선택한 후 ❺ [확인]을 계속 눌러 [서식에서 새 스타일 만들기] 대화상자로 돌아옵니다.

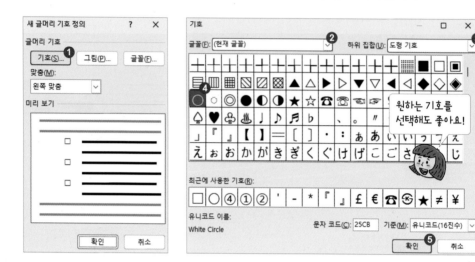

6. ❶ 이어서 [서식] → [단락]을 선택합니다.

❷ [단락] 대화상자에서 [단락 뒤] 간격에만 0을 입력하고 ❸ [확인]을 누릅니다.

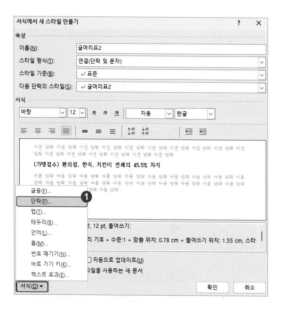

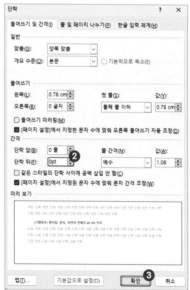

7. 스타일 이름과 선택한 서식을
확인한 후 [확인]을 누릅니다.

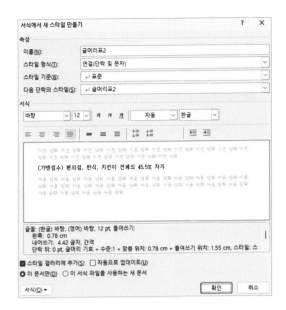

8. [스타일] 목록에 새로 등록한 스타일 '글머리표2'가 표시되고, 선택한 단락에 스
타일이 적용되었습니다.

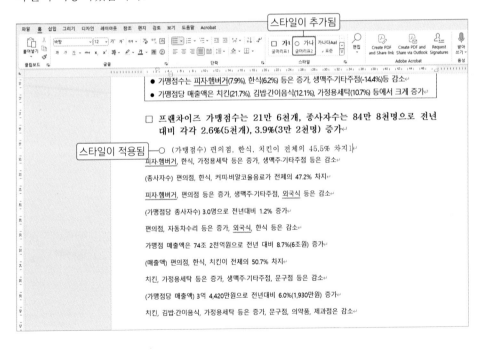

워드 기본

본문 꾸미기

표와 차트

개체 활용

문서 디자인

인쇄 및 배포

공동 작업 기능

세 번째 스타일 만들기

1. ❶ 피자 · 햄버거~로 시작하는 단락을 선택합니다.

❷ [홈] 탭 → [스타일] 그룹 → 🔽 → [스타일 만들기]를 선택합니다.

❸ 스타일 이름을 글머리표3으로 입력하고 ❹ [수정]을 누릅니다.

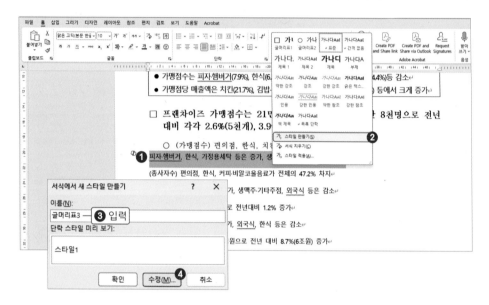

2. ❶ [서식] → [글꼴]을 선택합니다.

❷ [글꼴] 대화상자에서 [한글 글꼴] 바탕, [글꼴] 바탕, [글꼴 스타일] 보통, [크기]
12로 선택하고 ❸ [확인]을 누릅니다.

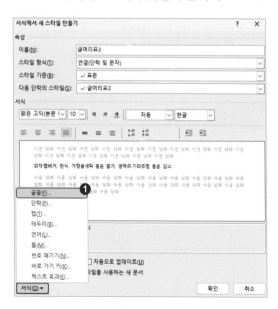
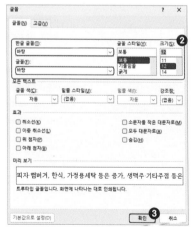

3. ❶ [서식] → [번호 매기기]를 선택합니다.

❷ [번호 매기기 및 글머리 기호] 대화상자에서 [글머리 기호] 탭 → [새 글머리 기호 정의]를 선택합니다.

4. ❶ [새 글머리 기호 정의] 대화상자에서 [글머리 기호]를 [기호]로 선택해 [기호] 대화상자를 실행합니다.

❷ [글꼴] (현재 글꼴), ❸ [하위 집합] 기본 라틴 문자, ❹ 기호 -를 선택하고 ❺ [확인]을 계속 눌러 [서식에서 새 스타일 만들기] 대화상자로 돌아옵니다.

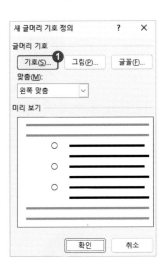

워드 기본

본문 꾸미기

표와 차트

개체 활용

문서 디테일

인쇄 및 배포

공동 작업 기능

5. ❶ 이어서 [서식] → [단락]을 선택합니다.

❷ [단락] 대화상자에서 [왼쪽] 들여쓰기를 1.41cm로, ❸ [단락 뒤] 간격을 0pt로 지정하고 ❹ [확인]을 계속 눌러 [서식에서 새 스타일 만들기] 대화상자를 빠져나옵니다.

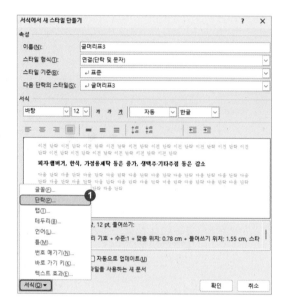
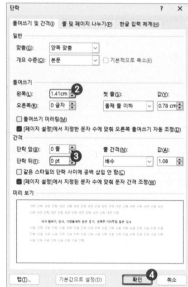

하면 된다! ⟩ 스타일 적용하기

1. ❶ (종사자수) 편의점~으로 시작하는 스타일을 적용할 단락을 선택합니다.

❷ [홈] 탭 → [스타일] 그룹 → [스타일 갤러리: 글머리표2]를 선택합니다.

함께 보면 좋은
동영상 강의

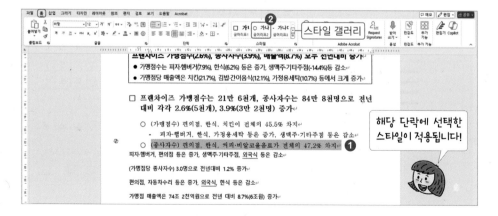

해당 단락에 선택한
스타일이 적용됩니다!

2. 나머지 단락에도 다음과 같이 스타일을 적용합니다.

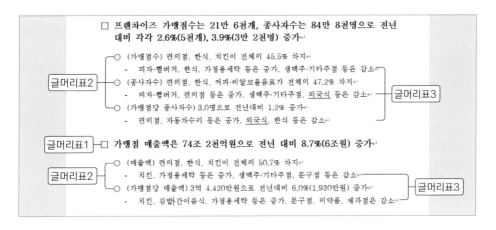

새로 만든 스타일 형식이 '연결(단락 및 문자)'이므로 적용할 단락이 한 단락에 여러 개 연속해 있지 않은 경우 범위를 선택하지 않아도 커서가 해당 단락에 위치한다면 스타일을 바로 적용할 수 있습니다.

하면 된다! } 스타일을 바로 가기 키로 지정하기

스타일을 적용해야 할 단락이 많을 땐 스타일에 바로 가기 키를 지정해 사용하면 편리합니다. 이미 만든 스타일에 바로 가기 키를 지정해 보겠습니다.

1. [홈] 탭 → [스타일] 그룹 → 글머리표1 스타일에서 마우스 오른쪽 버튼을 눌러 [수정]을 선택합니다.

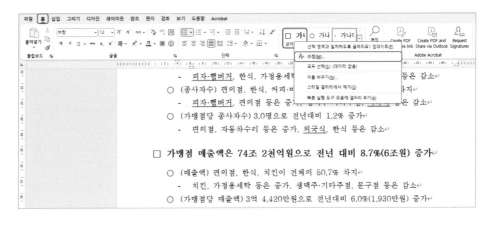

2. [스타일 수정] 대화상자가 실행되면 [서식] → [바로 가기 키]를 선택합니다.

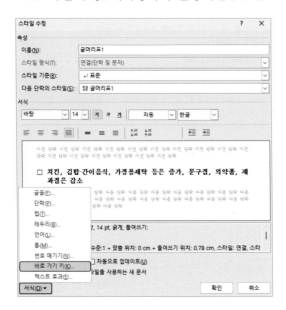

3. ❶ [새 바로 가기 키]에 커서를 두고 Ctrl + 1을 누른 후 ❷ [지정]을 누릅니다.
❸ [현재 키]에 바로 가기 키가 추가된 것을 확인하고 ❹ [닫기]를 누릅니다.

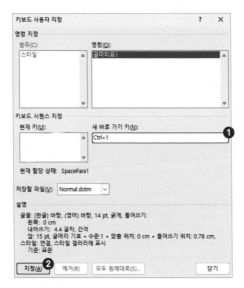
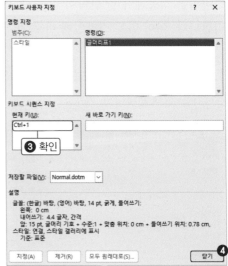

4. 작성 중인 보고서에 내용을 추가해 보겠습니다.

글머리표3 스타일이 적용된 ~제과점은 감소 단락 끝에서 Enter를 누르면 글머리
표3 스타일이 자동으로 적용됩니다.

워드 기본

본문 꾸미기

표와 차트

개체 활용

문서 디테일

인쇄 및 배포

공동 작업 기능

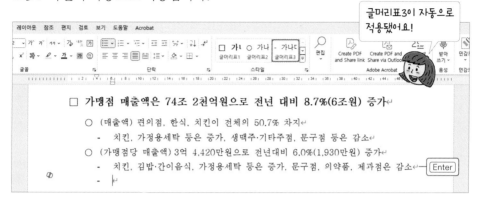

5. 글머리표1 스타일을 적용하려면 바로 가기 키 Ctrl + 1을 누릅니다. 글머리표1
스타일의 글머리 기호가 표시되고 내용을 입력하면 글머리표1 스타일의 글꼴과 단
락이 적용됩니다.

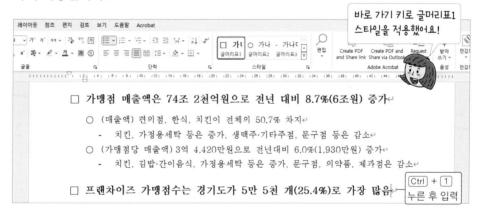

6. 같은 방법으로 글머리표2, 글머리표3의 바로 가기 키를 지정합니다. 바로 가기
키를 눌러 스타일을 적용한 후 본문을 작성합니다.

```
○ (가맹점당 매출액) 3억 4,420만원으로 전년대비 6.0%(1,930만원) 증가
   - 치킨, 김밥·간이음식, 가정용세탁 등은 증가, 문구점, 의약품, 제과점은 감소

□ 프랜차이즈 가맹점수는 경기도가 5만 5천 개(25.4%)로 가장 많음

○ 지역별 가맹점수는 경기(5.5만 개), 서울(4.1만 개), 경남(1.5만 개), 부산(1.4만   Ctrl + 2
   개) 순으로 많으며, 수도권이 전체의 49.6% 차지
   - 인구 만명 당 가맹점수는 제주(49.9개), 강원(49.6개), 울산(45.9개) 등이   Ctrl + 3
     많고 전남(36.7개), 경북(38.5개) 등은 적음
```

하면 된다! } 강조를 위한 문자 스타일 등록하기

스타일이 적용된 단락 중 일부 텍스트에만 강조 서식을 적용하려
고 합니다. 이때 스타일 형식 중 '문자' 스타일을 사용합니다. [스
타일] 목록에 있는 기본 스타일 중 '굵은 텍스트'의 스타일 형식이
'문자'이고 [글꼴]의 '굵게'를 적용하는 스타일입니다.

함께 보면 좋은
동영상 강의

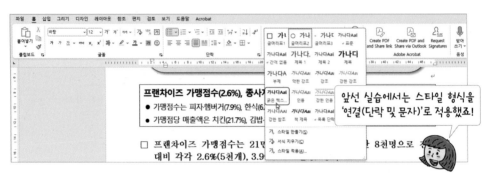

> 앞선 실습에서는 스타일 형식을 '연결(단락 및 문자)'로 적용했죠!

따라서 새 스타일을 만들 필요 없이 '굵은 텍스트' 스타일을 사용하면 되지만, 여기서
는 [스타일 만들기]를 선택해 스타일 형식이 '문자'인 스타일을 만들어 보겠습니다.

1. ❶ 본문 텍스트에서 (가맹점수)를 선택한 후 ❷ [홈] 탭 → [스타일] 그룹 → 🔽 →
[스타일 만들기]를 선택합니다.

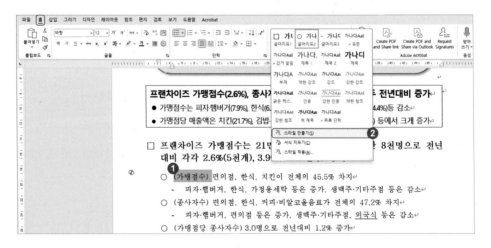

2. ❶ 스타일 [이름]을 문자 강조로 입력하고 ❷ [수정]을 누릅니다.
❸ [스타일 형식]을 문자로 선택하고 ❹ [서식]에서 굵게를 선택한 뒤 ❺ [확인]을 누릅니다.

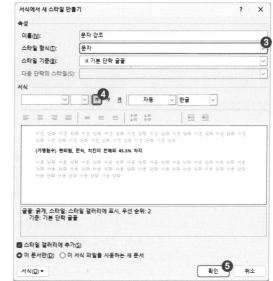

3. ❶ 본문에서 괄호로 묶인 문자를 선택한 후 ❷ 문자 강조 스타일을 선택해 각각 적용합니다.

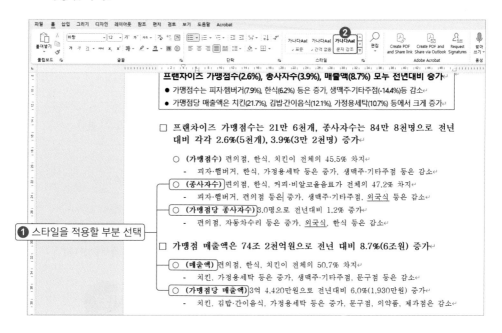

워드 기본

본문 꾸미기

표와 차트

개체 활용

문서 디테일

인쇄 및 배포

공동 작업 기능

하면 된다! 〉 스타일 수정하기

스타일로 서식을 적용하면 서식을 수정할 일이 있을 때 적용한 서식 스타일만 수정하면 각 단락의 서식이 한꺼번에 바뀝니다. 여러 페이지로 된 문서인 경우 빠르게 서식을 변경할 수 있어 효율적입니다.

함께 보면 좋은
동영상 강의

1. '글머리표3' 스타일이 적용된 단락을 보면 글머리 기호와 본문 글자 사이 간격이 많이 벌어져 있습니다. 해당 단락에 커서를 두면 위쪽 눈금자에 표식이 나타납니다.

> 표식 확인

□ 프랜차이즈 가맹점수는 21만 6천개, 종사자수는 84만 8천명으로 전년
　　대비 각각 2.6%(5천개), 3.9%(3만 2천명) 증가

　○ **(가맹점수)** 편의점, 한식, 치킨이 전체의 45.5% 차지
　　- 피자·햄버거, 한식, 가정용세탁 등은 증가, 생맥주·기타주점 등은 감소
　○ **(종사자수)** 편의점, 한식, 커피·비알코올음료가 전체의 47.2% 차지
　　- 피자·햄버거, 편의점 등은 증가, 생맥주·기타주점, <u>외국식</u> 등은 감소
　○ **(가맹점당 종사자수)** 3.0명으로 전년대비 1.2% 증가
　　- 편의점, 자동차수리 등은 증가, 외국

□ 가맹점 매출액은 74조 2천억원으로

　○ **(매출액)** 편의점, 한식, 치킨이 전체의 50.7% 차지
　　- 치킨, 가정용세탁 등은 증가, 생맥주·기타주점, 문구점 등은 감소

> [보기] 탭 → [표시] 그룹에서 '눈금자'에 체크 표시를 해야 눈금자 표식을 볼 수 있습니다.

2. 아래쪽 삼각형 부분에 커서를 두고 왼쪽으로 조금 끌어 본문 글자를 글머리 기호 가까이 붙입니다.

□ 프랜차이즈 가맹점수는 21만 6천개, 종사자수는 84만 8천명으로 전년
　대비 각각 2.6%(5천개), 3.9%(3만 2천명) 증가

　○ **(가맹점수)** 편의점, 한식, 치킨이 전체의 45.5% 차지
　- 피자·햄버거, 한식, 가정용세탁 등은 증가, 생맥주·기타주점 등은 감소
　○ **(종사자수)** 편의점, 한식, 커피·비알코올음료가 전체의 47.2% 차지
　　- 피자·햄버거, 편의점 등은 증가, 생맥주·기타주점, <u>외국식</u> 등은 감소
　○ **(가맹점당 종사자수)** 3.0명으로 전년대비 1.2% 증가
　　- 편의점, 자동차수리 등은 증가, <u>외국식</u>, 한식 등은 감소

> 글머리 기호와 글자 사이의 간격이 줄어들었어요!

3. 커서를 수정한 단락에 두고 [스타일] 목록에서 글머리표3을 마우스 오른쪽 버튼으로 누른 후 [선택 영역과 일치하도록 글머리표3 업데이트]를 선택합니다.

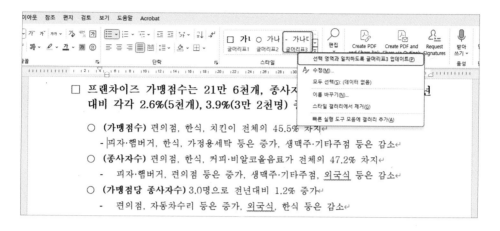

4. '글머리표3' 스타일이 적용된 단락이 모두 변경됩니다.

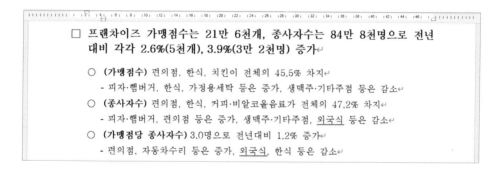

5. 이번에는 '문자 강조' 스타일을 수정해 보겠습니다. [스타일] 목록에서 문자 강조 스타일을 마우스 오른쪽 버튼으로 누른 후 [수정]을 선택합니다.

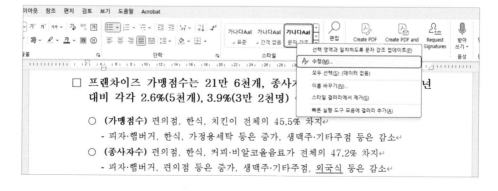

워드 기본

본문 꾸미기

표와 차트

개체 활용

문서 디테일

인쇄 및 배포

공용 작업 기능

6. ❶ [스타일 수정] 대화상자에서 [서식] → [테두리]를 선택합니다.

❷ [테두리 및 음영] 대화상자에서 [음영] 탭 → [채우기] → 파랑, 강조 5, 80% 더 밝게를 선택한 후 ❸ [확인]을 누릅니다.

글자가 잘 보여야 하니 연한 색으로 설정하는 것을 추천해요!

7. [스타일 수정] 대화상자를 보면 텍스트에 음영이 추가된 서식으로 변경된 것이 표시됩니다. [확인]을 눌러 대화상자를 닫습니다.

원드 기본

본문 꾸미기

표외 차트

개체 활용

문서 디자인

인쇄 및 배포

공동 작업 기능

8. '문자 강조' 스타일이 적용된 문자가 일괄 수정되었습니다.

□ 프랜차이즈 가맹점수는 21만 6천개, 종사자수는 84만 8천명으로 전년
대비 각각 2.6%(5천개), 3.9%(3만 2천명) 증가

○ (가맹점수) 편의점, 한식, 치킨이 전체의 45.5% 차지↵
- 피자·햄버거, 한식, 가정용세탁 등은 증가, 생맥주·기타주점 등은 감소↵
○ (종사자수) 편의점, 한식, 커피·비알코올음료가 전체의 47.2% 차지↵
- 피자·햄버거, 편의점 등은 증가, 생맥주·기타주점, 외국식 등은 감소↵
○ (가맹점당 종사자수) 3.0명으로 전년대비 1.2% 증가↵
- 편의점, 자동차수리 등은 증가, 외국식, 한식 등은 감소↵

□ 가맹점 매출액은 74조 2천억원으로 전년 대비 8

○ (매출액) 편의점, 한식, 치킨이 전체의 50.7% 차지↵
- 치킨, 가정용세탁 등은 증가, 생맥주·기타주점, 문구점 등은 감소↵
○ (가맹점당 매출액) 3억 4,420만원으로 전년대비 6.0%(1,930만원) 증가↵
- 치킨, 김밥·간이음식, 가정용세탁 등은 증가, 문구점, 의약품, 제과점은 감소↵

'문자 강조' 서식을 적용한 부분에
하늘색 음영이 추가되었어요

하면 된다! 〉 스타일 삭제하기

이번에는 앞에서 만든 '문자 강조' 스타일을 삭제해 보겠습니다.

함께 보면 좋은
동영상 강의

1. ❶ [홈] 탭 → [스타일] 그룹 → ↘를 선택합니다.

❷ [스타일] 창에서 문자 강조 스타일에 마우스 커서를 두면 오
른쪽에 펼침 표시(▼)가 생깁니다.

❸ 이것을 눌러 [문자 강조 삭제]를 선택합니다.

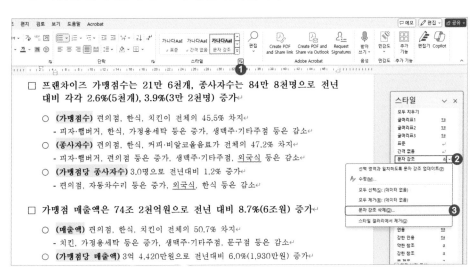

2. 경고 창에서 [예]를 선택하면 '문자 강조' 스타일이 삭제됩니다.

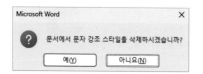

스타일이 삭제됐어요!

 질문 있어요! 만든 스타일을 다른 문서에서도 사용하고 싶어요!

스타일을 새로 만들거나 수정할 때 [스타일 수정] 대화상자에서 [이 서식 파일을 사용하는 새 문서]를 선택하고 [확인]을 누르면 Normal.dotm이란 이름의 기본 서식 파일에 저장됩니다. Normal.dotm에 저장된 서식은 모든 워드 문서에서 사용할 수 있습니다.

글머리표2와 글머리표3 역시 다른 문서에서 사용하려면 이 작업을 따로 해줘야 합니다!

워드 기본

본문 꾸미기

표와 차트

개체 활용

문서 디테일

인쇄 및 배포

공동 작업 기능

02-3
서식을 단번에 적용하는 테마 기능

• 실습 파일 02-3_실습.docx

워드에서 글꼴이나 색을 각각 '테마 글꼴'과 '테마 색'으로 지정해 두면 문서를 작성할 때 테마를 적용하는 것만으로 글꼴, 글자 색 등 문서의 서식을 한번에 설정할 수 있습니다. 만약 특정 글꼴 이름이나 표준 색 등 임의의 글자 색을 선택했다면 테마를 변경해도 영향을 미치지 않습니다.

함께 보면 좋은
동영상 강의

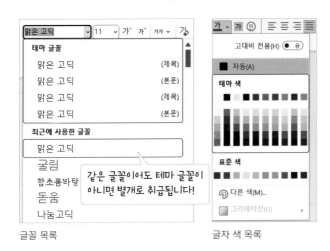

글꼴 목록   글자 색 목록

자주 사용하는 서식으로 테마를 만들어 저장해 두면 문서를 작성할 때마다 한 번의 클릭으로 모든 서식을 적용할 수 있습니다. 언제든 쓸 수 있는 나만의 테마를 하나 만들어 보겠습니다.

 질문 있어요! '스타일'과 '테마'의 차이가 뭔가요?

'스타일'과 '테마'는 통일된 서식을 빠르게 적용할 수 있다는 공통점이 있습니다. 스타일이 내용마다 개별적으로 위계를 설정하는 기능이라면, 테마는 문서에 적용한 다수의 스타일(위계)을 문서 전체에 한번에 적용할 수 있도록 묶어 둔 세트 상품이라고 생각하면 됩니다. 특정 스타일을 모아 하나의 테마로 저장해 두면 클릭 한 번으로 문서 전체 디자인을 바꿀 수 있습니다.

하면 된다! ﹥ 테마 변경해서 서식 한번에 설정하기

문서의 기본 테마는 '오피스(Office)'이며, 테마 글꼴과 테마 색으로 지정한 부분은 테마 변경으로 한번에 바꿀 수 있습니다.

1. [디자인] 탭 → [문서 서식] 그룹 → [테마] → [자연주의]를 선택합니다. 제목의 도형 채우기 색이 바뀌고 제목과 요약의 글꼴이 변경됩니다.

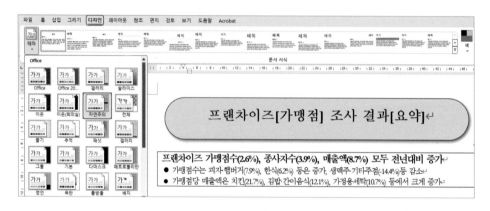

2. [스타일 모음]에서 [음영]을 선택합니다. 표준 스타일이었을 때보다 줄 간격이 1.15 배수로 넓어져 문서가 한 페이지에 차도록 나타납니다.

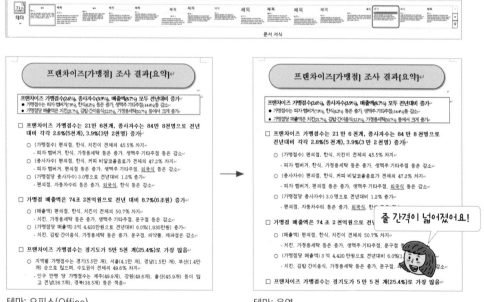

테마: 오피스(Office)

테마: 음영

3. 스타일 모음을 바꾸면 [홈] 탭 → [스타일] 그룹 → [스타일 갤러리]에 나타나는 스타일 설정이 바뀝니다.

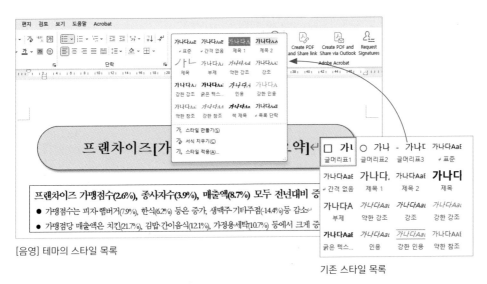

[음영] 테마의 스타일 목록

기존 스타일 목록

4. 02-2절에서 만든 '글머리표1', '글머리표2', '글머리표3' 스타일이 스타일 갤러리에 표시되지 않네요. 3가지 스타일을 스타일 갤러리에 나타내 보겠습니다.

❶ 스타일 대화상자 아이콘을 클릭하거나 Alt + Ctrl + Shift + S 를 눌러 [스타일] 창을 엽니다.

❷ '글머리표1' 스타일 위에서 마우스 오른쪽 버튼을 눌러 [스타일 갤러리에 추가]를 선택합니다. '글머리표2'와 '글머리표3' 스타일도 추가해 보세요!

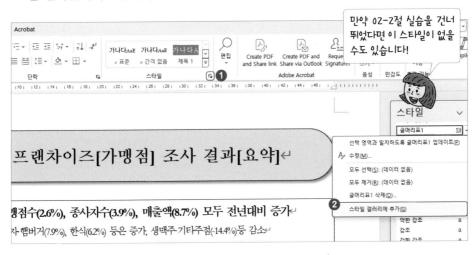

워드 기본

본문 꾸미기

표와 차트

개체 활용

문서 디테일

인쇄 및 배포

공동 작업 기능

하면 된다! 〉 새 테마 글꼴 만들기

테마 글꼴은 제목 글꼴과 본문 글꼴 2가지만 선택합니다. 그리고 영어와 기호용 글꼴을 제목과 본문 글꼴로 따로 지정합니다.

1. [디자인] 탭 → [문서 서식] 그룹 → [글꼴] → [글꼴 사용자 지정]을 선택합니다.

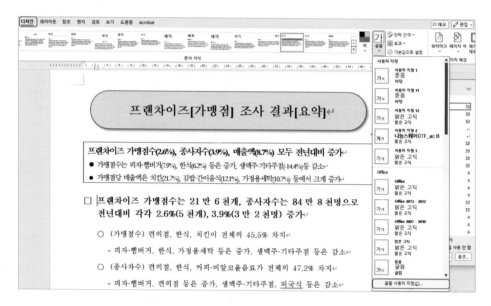

2. ❶ 한글 글꼴의 [제목 글꼴(한글)]은 [맑은 고딕], [본문 글꼴(한글)]도 [맑은 고딕]을 선택합니다.
   ❷ [이름]은 사용자 지정 1로 두고 ❸ [저장]을 누르면 바뀐 글꼴이 적용됩니다.

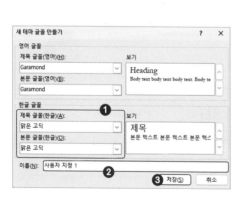

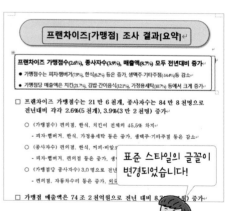

하면 된다! ⟩ 현재 테마 저장하기

앞에서 설정한 서식을 테마로 저장해 두면 다른 문서를 만들 때 유용하게 사용할 수 있습니다.

1. ❶ [디자인] 탭 → [문서 서식] 그룹 → [테마] → [현재 테마 저장]을 선택합니다.
   ❷ [현재 테마 저장] 대화상자가 나타나면 [파일 이름]을 사용자 지정으로 입력하고 ❸ [저장]을 누릅니다.

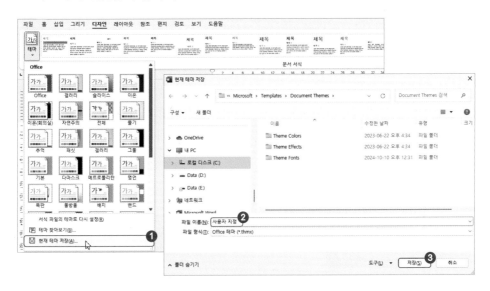

2. 선택할 수 있는 테마 목록에 [사용자 지정] 항목이 추가로 나타납니다.

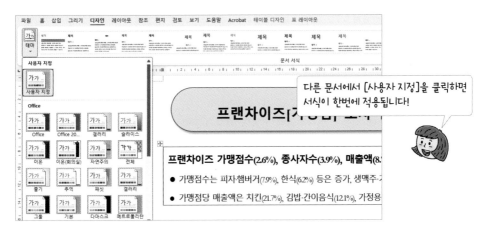

다른 문서에서 [사용자 지정]을 클릭하면 서식이 한번에 적용됩니다!

02-4
항목 나열을 위한 번호 매기기와 다단계 목록

• 실습 파일 02-4_실습.docx • 완성 파일 02-4_완성1~2.docx

목록을 나열할 때 글 앞에 글머리 기호나 번호를 매겨 나타내면 전달하고자 하는 내용을 간결하게 정리할 수 있습니다. 이때 나열하는 순서에 의미가 없으면 글머리 기호를 붙이고, 순서대로 나열하는 경우에는 번호를 매기면 됩니다.

목록은 제1장, 제1절, 제1항 등의 형식으로 수준별로 나타낼 수 있습니다. 문서 전체에서 목록을 수준별로 나타내는 경우엔 '다단계 목록'을 이용합니다. 다단계 목록을 설정하면 글머리 기호나 번호를 넣는 것뿐만 아니라, 스타일과 연결해 서식을 바로 지정할 수 있고 자동으로 제목 차례도 만들 수 있습니다

가. 업무의 개념

1) '번호 매기기'를 적용해서 1), 2) 순서로 나타납니다!

종이를 사용한 기록·활용 및 보존이라는 '사무'의 범위 내로 좁게 인식하였고, 이에 따라 '업무'의 개념도 사무실에서 이루어지는 서류의 생산·유통·보존 등 서류에 관한 작업(paper work, desk work)으로 한정하여 파악하였다.

2) 현대적 개념: 사무를 포함한 모든 일

현대에는 고도 정보화 사회가 되어 감에 따라 정보의 가치가 중요해지면서 '업무'의 개념에 행정목적을 달성하기 위한 정보의 수집·가공·저장·활용 등 일련의 정보처리과정을 포함시켰다. 또한 행정업무의 국민에 대한 성과를 강조함에 따라 사무실에서 이루어지는 일 뿐만 아니라 국민과의 접점에서 이루어지는 일련의 행정과정까지 포괄하는 것으로 업무의 개념이 확대되었다.

나. 업무의 종류

1) 업무의 목적에 의한 분류

가) 본래업무

'다단계 목록'을 적용하면 각 목록이 스타일 수준에 맞게 1. 가. 1) 가) 로 나타납니다!

본래업무란 조직의 목적달성을 위하여 직접적으로 수행하고 있는 업무를 말한다. 정부의 경우 국가의 유지·발전과 공공의 복리증진이라는 목적 달성에 직접적으로 기여할 수 있도록 기능별로 분화된 각 행정조직의 고유업무를 말한다. 그 예

하면 된다! 〉 번호 매기기

새 문서를 만들고 번호 매기기 기능을 적용해 내용을 입력해 보겠습니다.

함께 보면 좋은
동영상 강의

1. 새 문서에서 [홈] 탭 → [단락] 그룹 → [번호 매기기]를 선택하면 번호 1.이 입력됩니다.

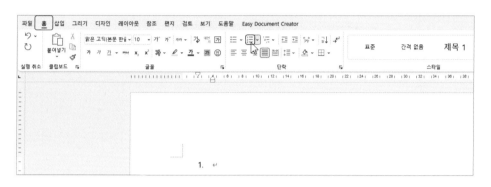

2. 1. 옆에 행정업무운영 개요를 입력하고 Enter 를 누릅니다. 다음 행에 2.이 자동 입력됩니다.

3. ❶ Tab 을 누르면 한 수준을 내려 A.이 입력됩니다.

　❷ 업무의 의의라고 입력한 후 Enter 를 누릅니다. B.이 입력됩니다.

4. 이어서 운영의 의의를 입력하고 Enter 를 누릅니다. 같은 방법으로 행정업무의 효율적 운영의 의의, 행정업무운영 제도의 발전 과정을 각각 입력하고 Enter 를 누릅니다.

5. ❶ E.에서 Shift + Tab 을 눌러 한 수준 올린 후 ❷ 공문서 관리 등 행정업무의 처리를 입력하고 Enter 를 누릅니다.

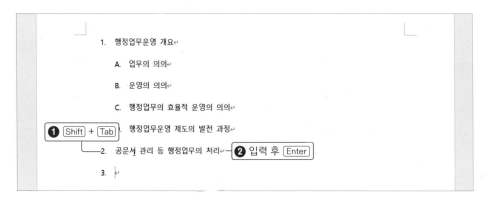

6. ❶ 다시 Tab 을 눌러 한 수준 내리고 ❷ 공문서의 작성 및 처리를 입력한 뒤 Enter 를 누릅니다. ❸ 업무관리시스템의 구축, 운영, 서식의 제정 및 활용, 관인 의 관리를 각각 입력하고 Enter 를 누릅니다.

7. [번호 매기기]를 적용하면 자동으로 들여쓰기가 되는데, 이것을 기본 위치로 되돌리겠습니다.

❶ Ctrl + A 를 눌러 입력한 내용을 모두 선택하고 **❷** [홈] 탭 → [단락] 그룹 → [내어쓰기]를 한 번 누릅니다. 수준별로 들여쓰기 된 상태를 유지하면서 기본 위치로 내어쓰기 됩니다.

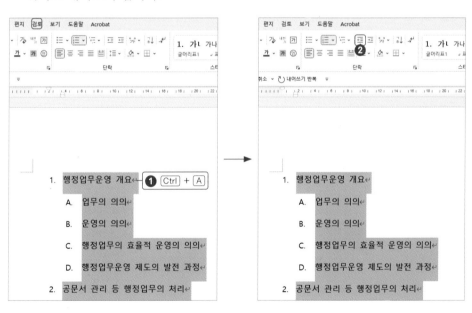

02 · 문서의 가독성을 높이는 서식 설정법 **99**

하면 된다! 〉 번호 모양 바꾸기

이번에는 번호 모양을 제1장, 제1절 형식으로 바꿔보겠습니다.

함께 보면 좋은
동영상 강의

1. 번호를 클릭하면 같은 수준이 동시에 선택됩니다.

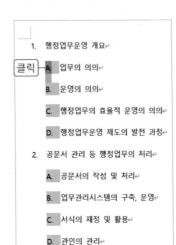

2. ❶ 첫 번째 수준의 번호를 클릭한 후 ❷ [홈] 탭 → [단락] 그룹 → [번호 매기기
▼] → [새 번호 서식 정의]를 선택합니다.

❸ [새 번호 서식 정의] 대화상자에서 [번호 서식]에 1.으로 입력되어 있는 것을
번호 스타일인 1은 그대로 두고 앞에 제, 뒤에 장을 입력하고 .은 삭제합니다.

❹ [확인]을 누릅니다.

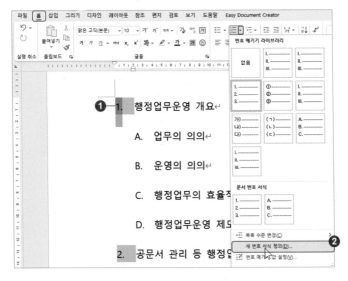

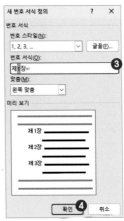

3. ❶ 두 번째 수준의 번호를 클릭하고 **❷** 다시 [새 번호 서식 정의]를 선택합니다.

❸ [번호 스타일]이 'A'로 입력되어 있는데 이것을 1, 2, 3, ...으로 바꾸면 [번호 서식]이 1.으로 자동 입력됩니다.

❹ 1은 그대로 둔 채 앞에 제, 뒤에 절을 입력하고 .은 삭제합니다.

❺ [확인]을 누릅니다.

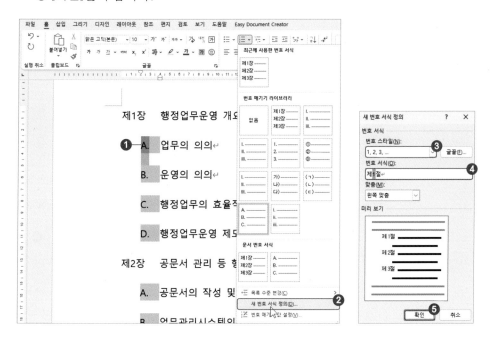

4. 번호 모양은 변경되었지만 번호와 내용 사이 간격이 넓어졌네요. 간격을 줄여보겠습니다. 내어쓰기에 마우스 커서를 맞추고 `Alt`를 눌러 오른쪽, 왼쪽으로 드래그하여 원하는 간격으로 변경합니다. `Alt`를 누르면 간격을 미세하게 조절할 수 있습니다. 두 번째 수준도 같은 방법으로 간격을 조절합니다.

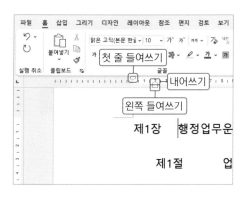
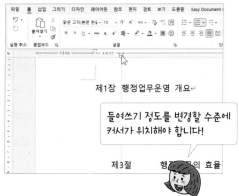

워드 기본

본문 꾸미기

표와 차트

개체 활용

문서 디테일

인쇄 및 배포

공동 작업 기능

5. '제2장 공문서 관리 등 행정업무의 처리' 문단은 번호와 내용의 간격을 다시 조절할 필요 없이 앞에서 설정한 것을 서식 복사하면 됩니다.

❶ 제1장 행정업무운영 개요에 커서를 두고 ❷ [서식 복사]를 선택합니다.

❸ 제2장 공문서 관리 등 행정업무의 처리 범위를 선택하면 간격이 그대로 적용됩니다.

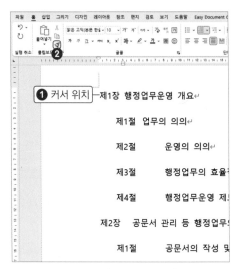
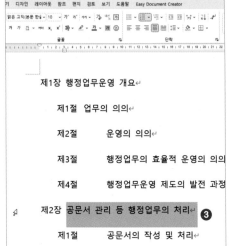

6. 같은 방법으로 제1절 업무의 의의를 [서식 복사]해서 제2절 운영의 의의에서 제4절 행정업무운영 제도의 발전 과정까지 범위를 선택해 적용합니다. 그런 다음 제2장 아래 제1절 공문서 작성 및 처리에서 제4절 관인의 관리까지 똑같이 적용합니다.

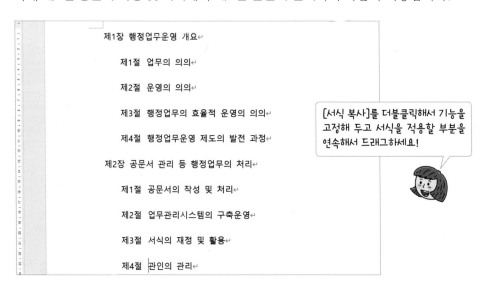

[서식 복사]를 더블클릭해서 기능을 고정해 두고 서식을 적용할 부분을 연속해서 드래그하세요!

하면 된다! ⟩ 번호와 내용 사이 간격을 일정하게 맞추기

번호 자릿수가 커지면 번호와 내용 사이 간격이 일정하지 않게 됩니다. 이런 경우 번호를 오른쪽 맞춤 하면 간단하게 해결할 수 있습니다.

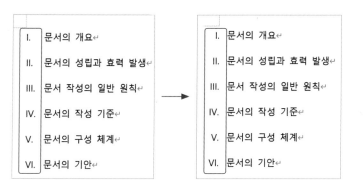

1. ❶ 번호를 선택한 후 ❷ [홈] 탭 → [단락] 그룹 → [번호 매기기] → [새 번호 서식 정의]를 선택해 [새 번호 서식 정의] 대화상자를 실행합니다.
   ❸ 오른쪽 맞춤을 선택하고 ❹ [확인]을 누릅니다.

2. 번호가 오른쪽 맞춤 되어 간격은 일정해졌지만 번호와 내용 사이 간격이 너무 넓어졌네요. 간격을 줄여 보기 좋게 편집해 보겠습니다.

❶ [Ctrl] + [A]를 눌러 내용을 모두 블록 지정한 후 ❷ 내어쓰기에 마우스 커서를 맞추고 [Alt]를 누른 채 왼쪽으로 드래그해 번호와 내용의 간격을 맞춥니다.

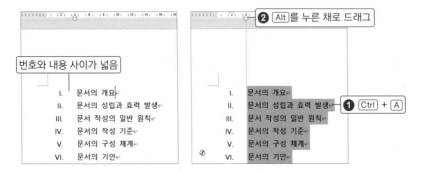

하면 된다! ⟩ 다단계 목록 설정하기

앞서 배운 번호 매기기는 필요한 상황에서 그때그때 적용할 수 있었습니다. 하지만 만약 공문서 등 정해진 서식이 있다면 그 서식을 바로바로 적용할 수 있도록 미리 만들어 두는 편이 좋습니다. 워드에서는 '다단계 목록'이라는 기능입니다.

실습 파일에서 다단계 목록을 설정해 보겠습니다. 02-4_실습.docx 파일을 실행합니다.

함께 보면 좋은
동영상 강의

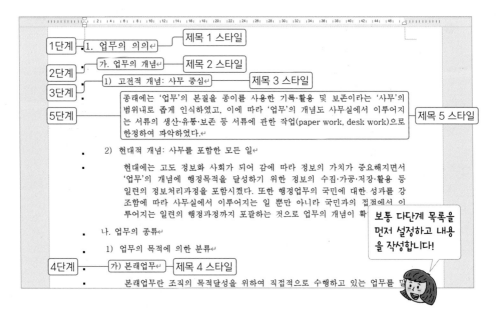

보통 다단계 목록을 먼저 설정하고 내용을 작성합니다!

1. ❶ 첫 단락에 커서를 두고 ❷ [홈] 탭 → [단락] 그룹 → [다단계 목록] → [새 다단
계 목록 정의]를 선택합니다.

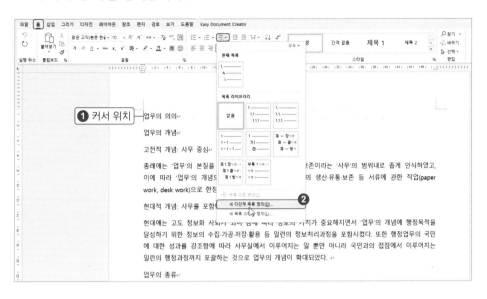

2. ❶ [새 다단계 목록 정의] 대화상자 아래에 있는 [자세히]를 누릅니다.
1단계에서는 '1.'으로 나타내고 스타일은 '제목 1' 스타일과 연결합니다.
❷ [번호의 서식을 입력하세요]에서 현재 표시된 번호 스타일 1 뒤에 .을 추가합니다.
❸ [단계에 연결할 스타일]에서 제목 1을 선택합니다.

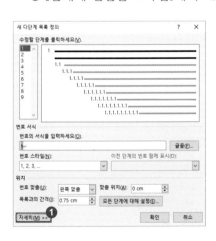
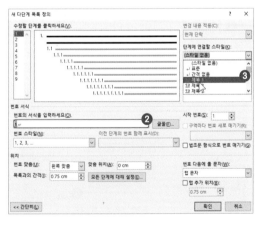

워드 기본

본문 꾸미기

표와 차트

개체 활용

문서 디자인

인쇄 및 배포

공동 작업 기능

3. ❶ 2단계를 선택한 후 ❷ [번호의 서식을 입력하세요]에 기본 설정된 서식을 지우고 [번호 스타일]에서 가, 나, 다 …을 선택합니다.

❸ [번호의 서식을 입력하세요]에 가가 입력되면 뒤에 .을 추가합니다.

❹ [단계에 연결할 스타일]에서 제목 2를 선택합니다.

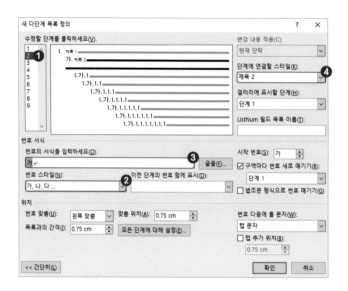

4. ❶ 이번에는 3단계를 선택합니다.

❷ 기존 입력된 번호 서식을 지우고 [번호 스타일]에서 1, 2, 3, …을 선택합니다.

❸ [번호의 서식을 입력하세요]에 1이 입력되면)를 추가합니다.

❹ [단계에 연결할 스타일]에서 제목 3을 선택합니다.

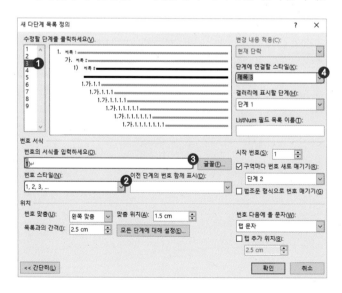

워드 기본

본문 꾸미기

표와 차트

개체 활용

문서 디테일

인쇄 및 배포

공동 작업 기능

5. ❶ 4단계를 선택합니다.

    ❷ 기존 입력된 번호 서식을 지우고 [번호 스타일]에서 가, 나, 다 …을 선택합니다.

    ❸ [번호의 서식을 입력하세요]에 가가 입력되면)를 추가합니다.

    ❹ [단계에 연결할 스타일]에서 제목 4를 선택합니다.

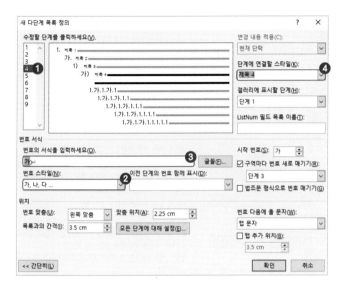

6. ❶ 마지막으로 5단계를 선택합니다.

    ❷ 번호 서식을 지우고 [번호 스타일]을 (없음)으로 선택합니다.

    ❸ [단계에 연결할 스타일]에서 제목 5를 선택한 후 ❹ [확인]을 누릅니다.

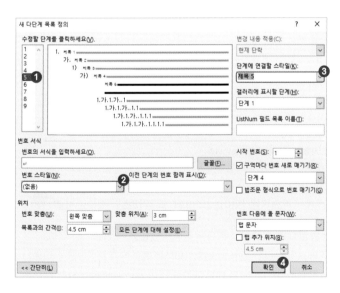

7. 현재 문서에 적용해 보겠습니다.

❶ 업무의 개념에 커서를 두고 **❷** [다단계 목록] → [현재 목록]을 선택합니다.

❸ Tab 을 눌러 2단계로 변경합니다.

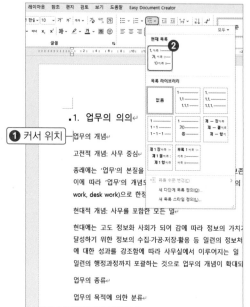
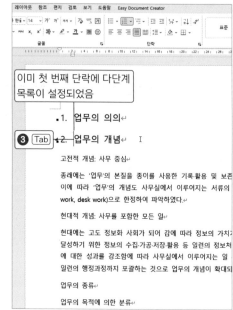

질문 있어요! Tab 을 눌렀는데 글자만 들여쓰기 돼요!

워드 설정에 따라 Tab 을 눌러도 다단계 목록이 적용되지 않을 수 있어요. 이 문제를 해결해 보겠습니다.

워드 기본

본문 꾸미기

표와 차트

개체 활용

문서 디자인

인쇄 및 배포

자동 작업 기능

[파일] → [옵션]을 눌러 [Word 옵션] 대화상자를 열고 [언어 교정] → [자동 고침 옵션]을 누릅니다. [입력할 때 자동 서식] 탭에서 [탭과 백스페이스 넣을 때 첫 부분에 왼쪽으로 들여쓰기]에 체크 표시하고 [확인]을 클릭하면 실습 화면처럼 (Tab)만으로 다단계 목록을 적용할 수 있습니다.

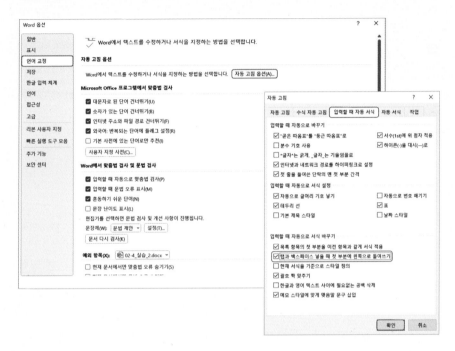

8. ❶ 고전적 개념~에 커서를 두고 같은 방법으로 [다단계 목록]을 적용한 후 (Tab)을 두 번 눌러 3단계로 변경합니다.

❷ 종래에는~에 커서를 둡니다. 이 단락은 4단계가 아닌 5단계로 적용하겠습니다. [다단계 목록]을 적용한 후 (Tab)을 네 번 눌러 5단계로 변경합니다.

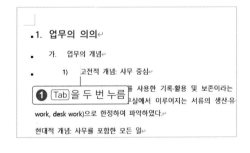

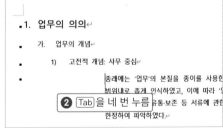

9. ❶ 현대적 개념~에 커서를 두고 [다단계 목록]을 적용한 후 Tab 을 두 번 누릅니다. 3단계가 적용되었죠?

❷ 현대에는~에 커서를 두고 [다단계 목록]을 적용한 후 Tab 을 네 번 누릅니다. 5단계가 적용됩니다.

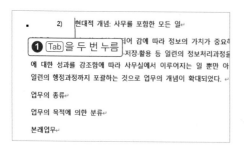
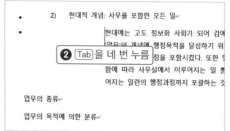

하면 된다! ﹜ 다단계 목록 스타일 변경하기

현재 문서는 다단계 목록을 적용해서 잘 정리되어 있긴 하지만 다단계 목록 번호와 스타일에 설정된 기본 글꼴, 단락으로 문서의 꼴이 늘어져 완성도가 낮아 보이네요. 이 경우 스타일을 수정하면 됩니다.

함께 보면 좋은
동영상 강의

1. 스타일 그룹에서 ◰를 눌러 [스타일] 창을 엽니다.

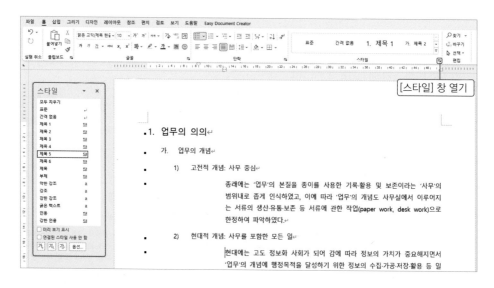

2. ❶ 업무의 의의를 블록 지정합니다.

　❷ [글꼴]을 바탕으로 변경합니다.

　❸ [스타일] 창에서 제목 1을 마우스 오른쪽 버튼으로 눌러 [선택 영역과 일치하
도록 제목 1 업데이트]를 선택합니다. 방금 변경한 글꼴이 스타일에 적용됩니다.

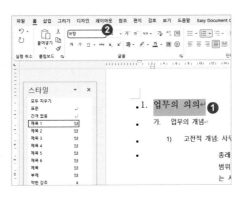
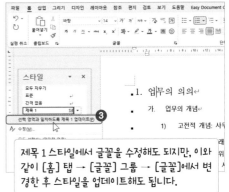

제목 1 스타일에서 글꼴을 수정해도 되지만, 이와
같이 [홈] 탭 → [글꼴] 그룹 → [글꼴]에서 변
경한 후 스타일을 업데이트해도 됩니다.

3. ❶ 2단계에 해당하는 업무의 개념을 블록 지정합니다.

　❷ [글꼴] 바탕, [글꼴 크기] 12로 변경합니다.

　❸ [내어쓰기 △]를 왼쪽으로 조금 드래그해 번호와 내용의 간격을 조금 좁게
변경합니다.

　❹ [왼쪽 들여쓰기 ▭]를 왼쪽으로 드래그해 예시와 같은 위치에 배치합니다.

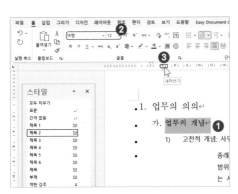
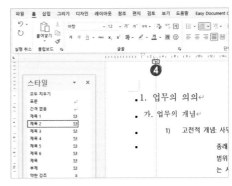

4. 변경된 서식을 제목 2 스타일에 반영하겠습니다. [스타일] 창에서 제목 2를 마우스 오른쪽 버튼으로 눌러 [선택 영역과 일치하도록 제목 2 업데이트]를 선택합니다. 현재 문서에 제목 2 스타일이 적용되어 있거나 앞으로 적용할 단락에 그대로 적용됩니다.

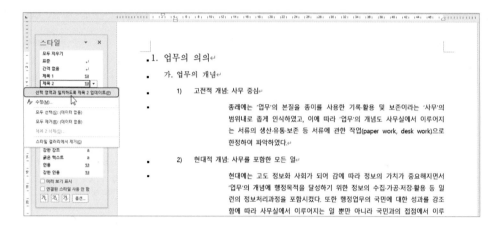

5. ❶ 3단계에 해당하는 고전적 개념~을 블록 지정합니다.

❷ [글꼴] 바탕, [글꼴 크기] 12로 변경합니다.

❸ [왼쪽 들여쓰기 ⬚]를 왼쪽으로 드래그해 예시와 같은 위치에 배치하고 번호와 내용의 간격을 조금 변경합니다.

❹ [스타일] 창에서 제목 3을 마우스 오른쪽 버튼으로 눌러 [선택 영역과 일치하도록 제목 3 업데이트]를 선택합니다.

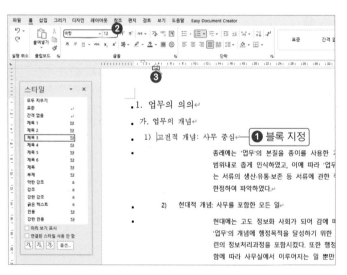

6. ❶ 5단계에 해당하는 종래에는~을 블록 지정합니다.

❷ [글꼴] 바탕, [글꼴 크기] 12로 변경합니다.

❸ [왼쪽 들여쓰기 ☐]를 왼쪽으로 드래그해 예시와 같은 위치에 배치합니다.
단계별 문서 모양이 보기 좋게 변경되었습니다.

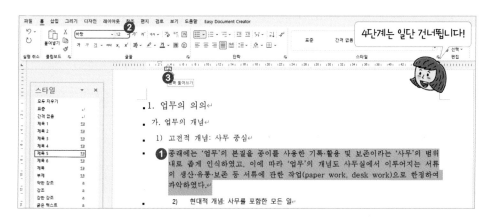

7. [스타일] 창에서 제목 5를 마우스 오른쪽 버튼으로 눌러 [선택 영역과 일치하도록 제목 5 업데이트]를 선택합니다.

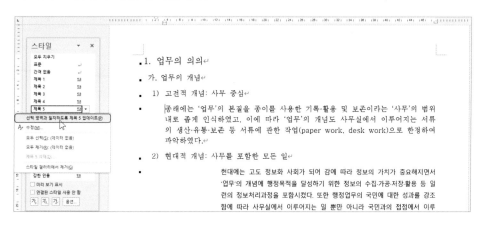

반복해서 서식을 변경한 후 [스타일] 창에서 스타일 업데이트를 해보았습니다. 나머지 단락에 다단계 목록을 적용해 보겠습니다. 앞에서와 같이 적용해도 되지만, 스타일까지 모두 수정되었기 때문에 단락에 스타일을 적용하는 것만으로 다단계 목록과 스타일에 설정된 서식이 한번에 적용됩니다.

워드 기본

본문 꾸미기

표와 차트

개체 활용

문서 디자인

인쇄 및 배포

공동 작업 기능

8. ❶ 업무의 종류에 커서를 두고 [스타일] 창에서 제목 2 스타일을 선택합니다.

❷ 업무의 목적에~에 커서를 두고 제목 3 스타일을 적용합니다.

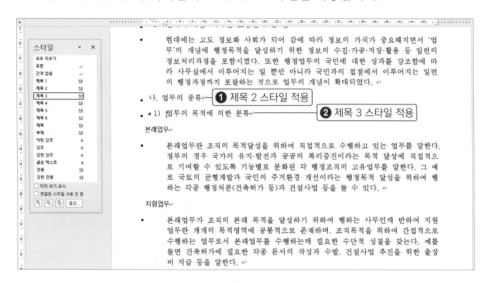

9. 본래업무는 4단계에 해당하는데 앞서 4단계를 적용할 단락이 없어 설정하지 않았습니다.

❶ 본래업무에 블록을 지정하고 [다단계 목록]을 현재 목록으로 적용한 후 [Tab]을 세 번 누르고 **❷** [글꼴] 바탕, [글꼴 크기] 12로 변경합니다.

❸ [내어쓰기 ⌂]와 [왼쪽 들여쓰기 ⌐]로 예시와 같은 위치에 배치합니다.

❹ [스타일] 창에서 제목 4를 마우스 오른쪽 버튼으로 눌러 [선택 영역과 일치하도록 제목 4 업데이트]를 선택합니다.

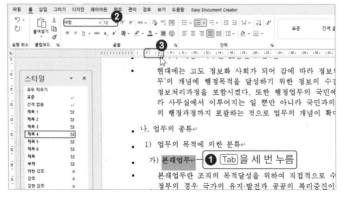
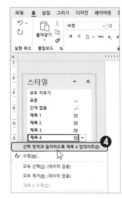

10. [스타일] 창에서 스타일을 선택해 각 단락에 적용합니다.

---

1. 업무의 의의

가. 업무의 개념

1) 고전적 개념: 사무 중심

종래에는 '업무'의 본질을 종이를 사용한 기록 활용 및 보존이라는 '사무'의 범위 내로 좁게 인식하였고, 이에 따라 '업무'의 개념도 사무실에서 이루어지는 서류의 생산 유통 보존 등 서류에 관한 작업(paper work, desk work)으로 한정하여 파악하였다.

2) 현대적 개념: 사무를 포함한 모든 일

현대에는 고도 정보화 사회가 되어 감에 따라 정보의 가치가 중요해지면서 '업무'의 개념에 행정목적을 달성하기 위한 정보의 수집 가공 저장 활용 등 일련의 정보처리과정을 포함시켰다. 또한 행정업무의 국민에 대한 성과를 강조함에 따라 사무실에서 이루어지는 일 뿐만 아니라 국민과의 접점에서 이루어지는 일련의 행정과정까지 포괄하는 것으로 업무의 개념이 확대되었다.

나. 업무의 종류

1) 업무의 목적에 의한 분류

가) 본래업무

본래업무란 조직의 목적달성을 위하여 직접적으로 수행하고 있는 업무를 말한다. 정부의 경우 국가의 유지 발전과 공공의 복리증진이라는 목적 달성에 직접적으로 기여할 수 있도록 기능별로 분화된 각 행정조직의 고유업무를 말한다. 그 예로 국토의 균형개발과 국민의 주거환경 개선이라는 행정목적 달성을 위하여 행하는 각종 행정처분(건축허가 등)과 건설사업 등을 들 수 있다.

나) 지원업무

본래업무가 조직의 본래 목적을 달성하기 위하여 행하는 사무인데 반하여 지원업무란 계개의 목적영역에 공통적으로 존재하며, 조직목적을 위하여 간접적으로 수행하는 업무로서 본래업무를 수행하는데 필요한 수단적 성질을 갖는다. 예를 들면 건축허가에 필요한 각종 문서의 작성과 수발, 건설사업 추진을 위한 출장비 지급 등을 말한다.

2) 업무의 성격에 따른 분류

가) 판단업무

판단업무란 전문적 지식과 경험을 필요로 하는 업무로서 주로 관리층에서 담당한다. 예를 들면 의사결정, 기획, 조정, 심사, 평가업무 등이다.

나) 작업업무

작업업무란 전문적인 지식 내지 능력이 요구되지 않는 업무로서 숙련을 요하는

것으로부터 전혀 숙련되지 않더라도 단순하게 처리될 수 있는 업무 등 배우 다양하다. 예를 들면 계산, 통계표 작성, 단순 반복적인 기안, 문서 접수 및 발송, 운반 정리 등을 말한다.

3) 기타 업무의 종류

위에서 살펴본 것 외에도 발생 빈도에 따른 일상업무와 예외업무, 위임 여부에 따른 고유업무와 위임업무 등으로 나눌 수 있다.

워드 기본

본문 꾸미기

표와 차트

개체 활용

문서 디테일

인쇄 및 배포

공동 작업 기능

질문 있어요! **자동 번호 매기기는 어떻게 해제하나요?**

내용을 입력할 때 특정한 글자(-, *, 1.)로 시작되는 단락을 입력하면 자동으로 번호 매기기나 글머리 기호가 적용되는 경우가 있습니다. [입력할 때 자동 서식] 기능이 활성화되어 있기 때문입니다.

자동 번호 매기기 기능을 해제하려면 먼저 [파일] → [옵션]을 선택해 [Word 옵션] 대화상자에서 [언어 교정] → [자동 고침 옵션]을 누릅니다. [자동 고침] 대화상자가 실행되면 [입력할 때 자동 서식] 탭을 선택해 [자동으로 글머리 기호 넣기]와 [자동으로 번호 매기기]의 체크 표시를 해제하고 [확인]을 누르면 됩니다.

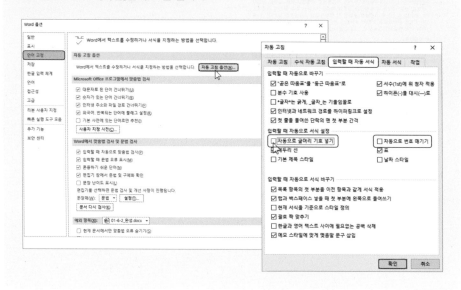

02-5
한눈에 읽히는 텍스트 맞춤 설정 3가지

• 실습 파일 02-5_실습1~2.docx

문서를 작성하다가 단어가 길어져 줄을 넘기면 중요한 단어라 해도 한눈에 들어오지 않습니다. 또, 정보를 전달할 때 항목별로 단어 길이가 다르면 통일감을 해칠 뿐 아니라 일목요연하게 이해하기 어렵습니다. 여기서 소개하는 몇 가지 방법을 따라 하면 문서의 가독성을 한층 높일 수 있습니다.

하면 된다! ﹜ 텍스트 자동 맞춤으로 단어 폭 맞추기

보통 여러 가지 항목을 설명할 땐 콜론(:) 기호를 넣습니다. '기간', '장소', '대상', '주요 내용', '참가비' 항목 오른쪽에 있는 콜론 기호가 일렬로 나열되도록 항목을 같은 폭으로 맞춰 보겠습니다. 02-5_실습1.docx 파일을 실행합니다.

함께 보면 좋은
동영상 강의

□ 운영 개요↵
○ 기간: 2024. 10. 2(수), 08:00~12:00↵
○ 장소: 수련원 내 천문대 일원(천체투영관 등)↵
○ 대상: 누구나(청소년, 시민, 관광객 등)↵
○ 주요내용: 천문특강, 천체망원경을 통한 일식 현상 관측, 우주 과학 돔 영상물 관람, 천문퀴즈 등↵
○ 참가비: 일부 유료

→

□ 운영 개요↵
○ 기　　간: 2024. 10. 2(수), 08:00~12:00↵
○ 장　　소: 수련원 내 천문대 일원(천체투영관 등)↵
○ 대　　상: 누구나(청소년, 시민, 관광객 등)↵
○ 주요내용: 천문특강, 천체망원경을 통한 일식 현상 관측, 우주 과학 돔 영상물 관람, 천문퀴즈 등↵
○ 참 가 비: 일부 유료

같은 폭으로 정렬하니 확실히 보기 좋죠?

1. ❶ 기간을 드래그해서 범위 선택하고 ❷ Ctrl 을 누른 채로 장소, 대상, 주요내용, 참가비를 드래그해서 선택합니다.

□ 운영 개요↵
❶ 드래그 ○ 기간: 2024. 10. 2(수), 08:00~12:00↵
○ 장소: 수련원 내 천문대 일원(천체투영관 등)↵
○ 대상: 누구나(청소년, 시민, 관광객 등)↵
○ 주요내용: 천문특강, 천체망원경을 통한 일식 현상 관측, 우주 과학 돔 영상물 관람, 천문퀴즈 등↵
○ 참가비: 일부 유료↵

❷ Ctrl +드래그

□ 운영 개요↵
○ 기간: 2024. 10. 2(수), 08:00~12:00↵
○ 장소: 수련원 내 천문대 일원(천체투영관 등)↵
○ 대상: 누구나(청소년, 시민, 관광객 등)↵
○ 주요내용: 천문특강, 천체망원경을 통한 일식 현상 관측, 우주 과학 돔 영상물 관람, 천문퀴즈 등↵
○ 참가비: 일부 유료↵

2. ❶ [홈] 탭 → [단락] 그룹 → [문자 모양] → [텍스트 자동 맞춤]을 선택합니다.
   ❷ [텍스트 자동 맞춤] 대화상자에서 [새 텍스트 너비]에 4 글자를 입력하고 ❸
   [확인]을 누릅니다.

[새 텍스트 너비]는 가장 긴 단어의 글자 수로 설정하면 됩니다! '주요 내용'의 글자 수인 4를 입력합니다.

3. 항목이 보기 좋게 나열되었습니다.

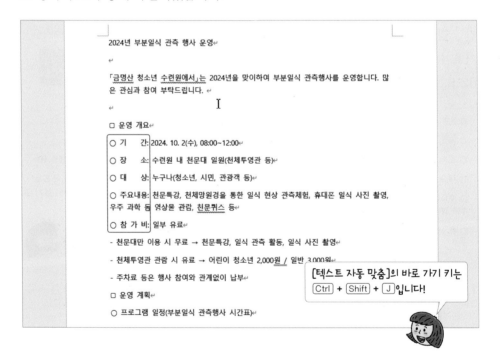

[텍스트 자동 맞춤]의 바로 가기 키는 Ctrl + Shift + J 입니다!

하면 된다! } 단어가 잘리지 않게 설정하기

한나 씨는 유치원 때부터~로 시작하는 단락 첫 번째 줄 오른쪽 끝을 보면 정확히란 단어가 두 줄에 걸쳐 나타납니다. 물론 한글은 단어가 잘려 나타나도 맞춤법이 틀린 것은 아니지만, 단어가 잘리지 않게 문서를 작성하도록 요구하는 경우가 있습니다. 이와 같이 잘린 한글 단어 문제를 해결하는 방법을 알아보겠습니다.
실습을 위해 02-5_실습2.docx를 실행합니다.

함께 보면 좋은
동영상 강의

자간 늘려서 다음 줄로 넘기기

1. ❶ [단락] 대화상자에서 [한글 입력 체계] 탭을 선택해 ❷ [줄 바꿈]에 있는 [한글 단어 잘림 허용]의 체크 표시를 해제합니다.

2. 정확히란 단어가 잘리지 않고 다음 줄로 넘어갔습니다. 하지만 이 방법은 단어의 자간을 넓게 설정해 잘리는 단어를 통째로 다음 줄로 보내기 때문에 문서를 수정한 티가 많이 나 잘 사용하지 않습니다.

자간 줄여서 단어 당겨오기

1. 첫 번째 줄 오른쪽 끝에 정확히까지 놓이도록 당기기 위해 첫 번째 줄 전체와 당겨올 단어까지 선택합니다. 최대한 많은 범위를 선택해야 자간을 조금만 줄여 티나지 않게 당길 수 있습니다.

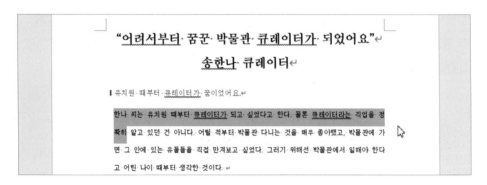

2. Ctrl + D를 눌러 [글꼴] 대화상자를 실행하고 ❶ [고급] 탭에서 ❷ [문자 간격] 항목 중 [간격]을 좁게, [값]을 0.2로 설정한 후 [확인]을 누릅니다.

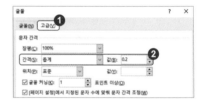

3. 정확히가 한 줄에 나타나고 자간이 좁아졌지만 수정한 티가 거의 나지 않습니다.

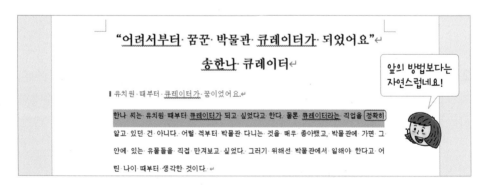

사실 이 실습은 한글 단어가 잘리지 않도록 문서를 작성해야 한다는 규정이 있을 경우에 어쩔 수 없이 선택하는 방법입니다. 자간 값 또한 문서에 맞게 일일이 설정해 가며 최선의 값을 선택해야 하죠. 이렇게 수동으로 자간을 설정하는 방법은 되도록이면 모든 편집 작업을 마친 뒤 마지막 순간에 해야 두 번 작업하지 않습니다.

질문 있어요! **입력된 기호의 문자 코드는 어떻게 확인하나요?**

비슷한 모양의 기호가 많기 때문에 입력된 기호가 어떤 기호인지 혼동될 수 있습니다. 문자 코드를 정확히 알고자 한다면, 먼저 알아보려는 기호를 선택한 뒤 [삽입] 탭 → [기호] 그룹 → [기호] → [다른 기호]를 선택합니다. [기호] 대화상자에 선택된 기호가 표시되고, 아래 [문자 코드]에서 코드 번호를 확인할 수 있습니다.

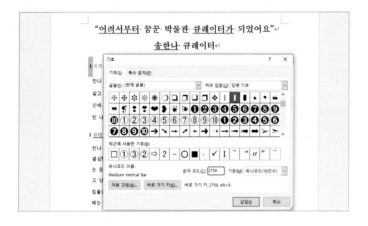

하면 된다! } 맞춤법 표시 없애기

화면에서 볼 수 있는 빨간 밑줄은 그 부분이 맞춤법에 어긋날 수도 있다고 알려주는 표시로, 문제가 없다면 무시하면 됩니다. 편집 화면에서만 표시되고 [읽기 모드]나 [인쇄]에선 나타나지 않습니다. 그래도 나타나지 않게 하고 싶다면 현재 파일에서만 맞춤법 기능을 해제할 수 있습니다.

함께 보면 좋은 동영상 강의

1. 빨간 밑줄이 표시되는 글자에 커서를 두고 마우스 오른쪽 버튼을 눌러 [맞춤법] → [자세히 보기]를 선택합니다.

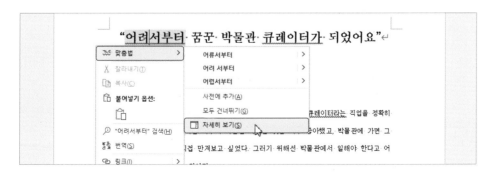

2. ❶ 화면 오른쪽 [편집기] 창에서 [옵션]을 클릭해 [Word 옵션] 대화상자를 실행하고 ❷ [언어 교정] 탭을 선택합니다.

❸ [예외 항목]에서 작업할 파일을 선택한 후 ❹ [현재 문서에서만 맞춤법 오류 숨기기]에 체크 표시하고 ❺ [확인]을 누릅니다.

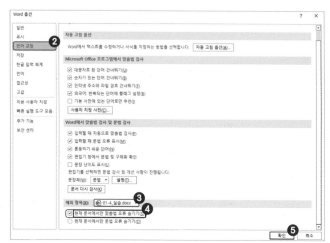

3. 문서에서 빨간 밑줄 표시가 사라진 것을 확인할 수 있습니다.

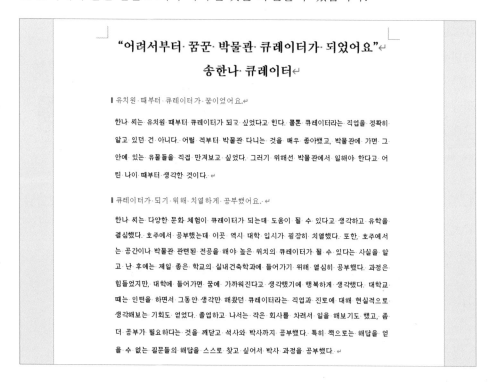

보고서에 스타일과 다단계 목록 적용하기

보고서에 스타일을 만들어 서식을 적용해 보겠습니다. 다음 속성에 맞춰 설정하고 다단계 목록을 정의해서 스타일과 연결해 보세요.

- **표준:** 글꼴 크기 12, 양쪽 맞춤, 단락 뒤 간격 0
- **제목 1:** 글꼴 크기 20, 글자 색 '진한 파랑, 텍스트 2, 25% 더 밝게'
- **제목 2:** 글꼴 크기 16, 글자 색 '진한 청록, 강조 1'

• 완성 파일 보고서 미션_02.docx

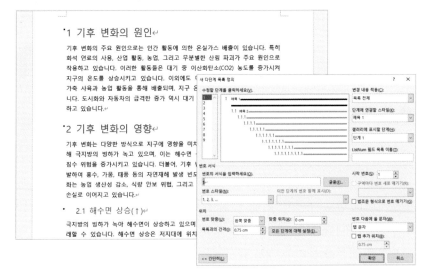

 힌트!

- 단락 뒤 간격은 마우스 오른쪽 버튼을 누르면 나타나는 [단락] 대화상자에서 설정합니다.
- [홈] 탭 → [스타일] 그룹 → 해당 스타일 위에서 오른쪽 마우스 버튼을 누르고 [선택 영역과 일치하도록 표준 업데이트]를 클릭하면 스타일을 수정할 수 있습니다. 86쪽 참고
- 다단계 목록은 [홈] 탭 → [단락] 그룹 → [다단계 목록] → [새 다단계 목록 정의]에서 설정합니다. 1단계에 '제목 1' 스타일을 연결하고, 2단계에 '제목 2' 스타일을 연결하세요. 104쪽 참고

1. 2. 3. 다음에
다시 1. 2. 3. 으로 시작하고 싶어요!

번호 매기기 기능은 표에서도 사용할 수 있습니다. ❶ 순번을 넣을 칸을 범위 선택하고 ❷ [번호 매기기]를 클릭합니다.

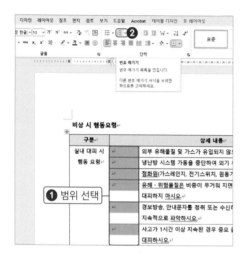

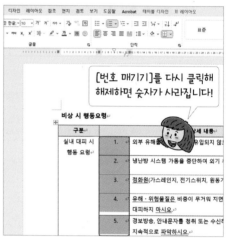

항목을 순서대로 번호 매기기 할 때 1. 2. 3. 까지 쓴 뒤 다시 1. 2. 3. 으로 시작해야하는 경우가 있습니다.이럴 땐 ❶ 번호를 새로 시작해야 하는 칸에 커서를 놓고 ❷마우스 오른쪽 버튼을 눌러 [1에서 다시 시작]을 선택하면 됩니다.

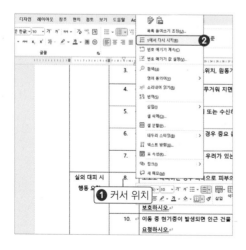

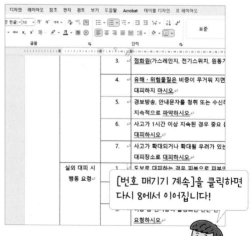

03

표와 차트로
데이터 한눈에 정리하기

보고서를 줄글로만 가득 채우면 중요한 데이터가 무엇인지 확인하기 어려울뿐더러 읽기 부담스러워질 수 있습니다. 객관적인 지표가 필요한 부분에 표와 차트를 함께 넣어 주면 신뢰성을 높이는 건 물론 데이터의 흐름도 살펴볼 수 있어 보고서를 좀 더 직관적이고 이해하기 쉽게 정리할 수 있습니다.

이 장의 목표

☑ 표를 활용해서 데이터를 정리할 수 있다.

☑ 표에 수식을 넣어 값을 자동으로 계산할 수 있다.

☑ 표를 차트로 만들어 보기 좋게 편집할 수 있다.

03-1
표로 데이터 정리하기

• 실습 파일 03-1_실습.docx   • 완성 파일 03-1_완성.docx

표는 보고서에 가장 많이 사용되는 개체로, 내용을 요약해 한눈에 볼 수 있도록 해줍니다. 표는 행과 열로 구성되며, 한 개의 표는 한 개의 단락이 됩니다.

하면 된다! 〉 표 삽입하기

다음 완성된 표를 참고하여 03-1_실습.docx 문서에 표를 삽입한 후 내용을 입력해 보겠습니다.

함께 보면 좋은
동영상 강의

■ 생활물가지수는 전년대비 6.0% 상승
신선식품지수는 전년대비 5.4% 상승

	2016	2017	2018	2019	2020	2021	2022
소비자물가지수	1.0	1.9	1.5	0.4	0.5	2.5	5.1
농산물 및 석유류 제외 지수	1.6	1.5	1.2	0.9	0.7	1.8	4.1
식료품 및 에너지 제외 지수	1.9	1.5	1.2	0.7	0.4	1.4	3.6
생활물가지수	0.7	2.5	1.6	0.2	0.4	3.2	6.0
신선식품지수	6.5	6.2	3.6	-5.1	9.0	6.2	5.4

1. ❶ 표를 삽입할 위치에 커서를 두고 ❷ [삽입] 탭 → [표] 그룹 → [표] → [표 삽입]을 선택합니다.

❸ [표 삽입] 대화상자에서 [열 개수] 8, [행 개수] 6을 입력한 후 ❹ [확인]을 누릅니다.

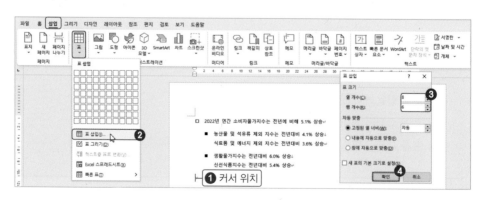

2. 커서 위치에 표가 삽입되었습니다. 셀에 데이터를 입력합니다. 입력할 때 나타나는 모양에는 신경 쓰지 말고 내용만 입력합니다. 셀 사이를 이동할 때는 Tab 또는 방향키를 이용해도 됩니다. Shift + Tab 을 누르면 바로 전 셀로 이동합니다.

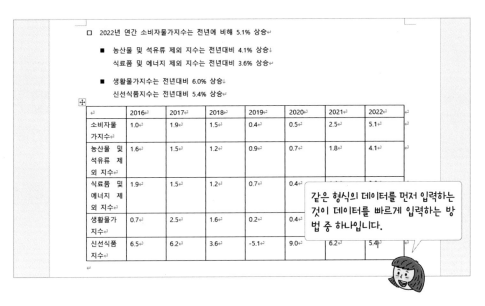

3. 가장 최신 데이터가 담긴 8번째 열에는 강조 서식을 적용해 보겠습니다.
　❶ 8번째 열 데이터를 마우스 왼쪽 버튼으로 누르고 드래그하거나 선택할 열의 첫 셀에 커서를 두고 Shift + ↓ 를 여러 번 눌러 선택합니다.
　❷ [홈] 탭 → [글꼴] 그룹 → [굵게]를 선택하거나 Ctrl + B 를 누릅니다.

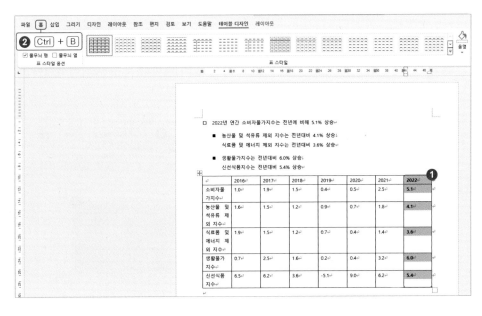

4. 8번째 열의 데이터가 굵게 표시되었습니다. 첫 번째 열과 두 번째 열 사이 테두리에 마우스 커서를 맞추고 오른쪽으로 드래그해 첫 번째 열의 너비를 넓힙니다.

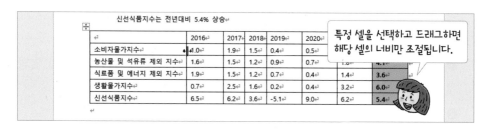

5. 셀에 입력된 내용을 나타낼 수 있는 최소 열 너비보다 좁게 줄일 수는 없으므로 다른 열 너비를 적당히 줄여 여유 공간을 만든 후 열 너비를 맞춥니다.

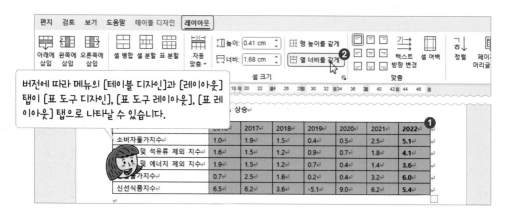

6. ❶ 첫 번째 열을 제외한 나머지 열을 선택하고 ❷ [레이아웃] 탭 → [셀 크기] 그룹 → [열 너비를 같게]를 선택합니다. 선택한 열의 너비가 모두 동일해집니다.

워드 기본

본문 꾸미기

표와 차트

개체 활용

문서 디테일

인쇄 및 배포

자동 작업 기능

7. ❶ 첫 번째 행 연도가 입력된 셀부터 숫자 셀 범위를 모두 선택합니다.

    ❷ [레이아웃] 탭 → [맞춤] 그룹 → [오른쪽 가운데 맞춤]을 선택합니다.

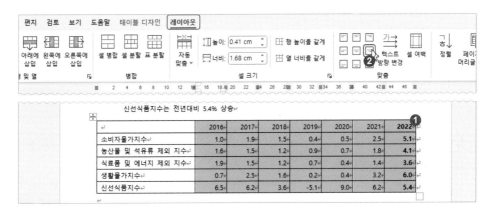

8. ❶ 첫 번째 열을 선택하고 **❷** [왼쪽 가운데 맞춤]을 누릅니다. 기본값으로 왼쪽 맞춤이 되어 있기 때문에 [왼쪽 가운데 맞춤]을 선택해도 겉으로 보이는 모습은 차이가 없습니다.

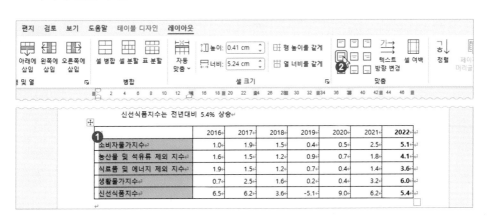

하면 된다! 〉 표에 테두리와 음영 추가하기

표의 테두리를 설정하려면 적절하게 범위 선택을 해야 합니다. 표 위쪽과 아래쪽은 '굵은 선', 왼쪽과 오른쪽은 '선 없음'으로 설정해 보겠습니다.

함께 보면 좋은
동영상 강의

1. ❶ 표에 마우스를 가져가면 나타나는 표 선택 아이콘 ⊞ 을 눌러 표를 선택합니다.
   ❷ [테이블 디자인] 탭 → [테두리] 그룹 → [테두리 ▼] → [테두리 및 음영]을 선택합니다.

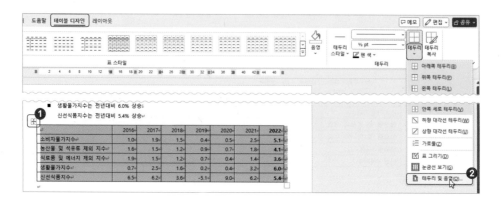

2. [테두리 및 음영] 대화상자 오른쪽 [미리 보기]에서 아래쪽에 있는 왼쪽 테두리와 오른쪽 테두리를 눌러 선택을 해제합니다.
   왼쪽 [설정] 항목이 '사용자 지정'으로 변경되고 [미리 보기]에서 왼쪽 테두리와 오른쪽 테두리가 나타나지 않는 것을 확인할 수 있습니다.

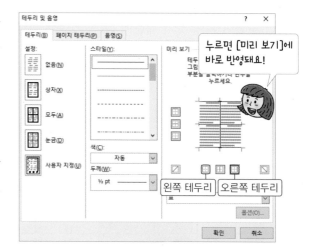

3. ❶ [두께]를 1½ pt로 선택하고 ❷ 위쪽 테두리를 두 번 눌러 [두께] 1½ pt를 적용합니다.
   ❸ 이어서 아래쪽 테두리를 두 번 눌러 [두께] 1½ pt를 적용한 후 ❹ [확인]을 누릅니다.

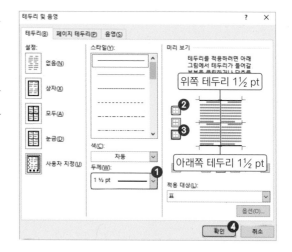

4. 테두리 모양이 바뀐 것을 확인할 수 있습니다.

	2016	2017	2018	2019	2020	2021	2022
				신선식품지수는 전년대비 5.4% 상승			
소비자물가지수	1.0	1.9	1.5	0.4	0.5	2.5	**5.1**
농산물 및 석유류 제외 지수	1.6	1.5	1.2	0.9	0.7	1.8	**4.1**
식료품 및 에너지 제외 지수	1.9	1.5	1.2	0.7	0.4	1.4	**3.6**
생활물가지수	0.7	2.5	1.6	0.2	0.4	3.2	**6.0**
신선식품지수	6.5	6.2	3.6	-5.1	9.0	6.2	**5.4**

5. 첫 번째 행과 두 번째 행 사이에 두 줄 테두리가 나타나도록 설정해 보겠습니다.

❶ 첫 번째 행을 선택하고 ❷ [테이블 디자인] 탭 → [테두리] 그룹 → [테두리 ⌄] → [테두리 및 음영]을 선택합니다.

[테두리 및 음영] 대화상자의 [적용 대상]에 표 일부를 선택했기 때문에 셀이 선택되어 있습니다.

❸ [스타일]에서 두 줄을 선택합니다.

❹ [미리 보기]에서 아래쪽 테두리를 두 번 눌러 두 줄 테두리를 적용합니다.

❺ [확인]을 누릅니다.

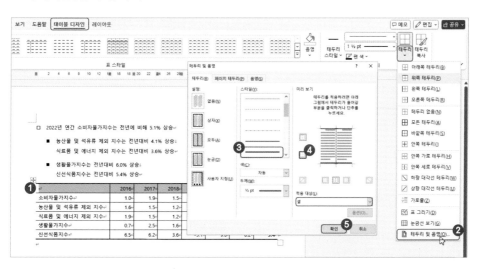

6. 첫 번째 열을 선택해서 같은 방법으로 오른쪽 테두리가 두 줄로 나타나도록 설정합니다.

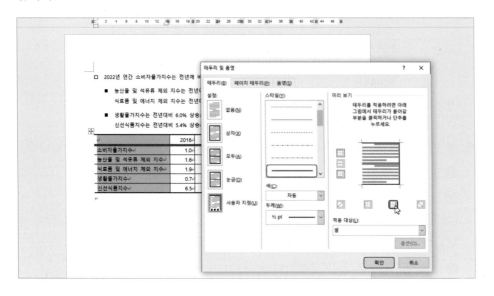

7. ❶ 마지막 열을 선택합니다.

❷ [테두리 및 음영] 대화상자에서 [음영] 탭 → [채우기] → 주황, 강조 2, 80% 더 밝게를 선택하고 ❸ [확인]을 누르면 주황색 톤의 음영이 적용됩니다.

워드 기본

본문 꾸미기

표와 차트

개체 활용

문서 디테일

인쇄 및 배포

공동 작업 기능

03-2
가독성을 높이는 표 편집 기술

• 실습 파일 이어서 실습, 03-2_실습.docx   • 완성 파일 03-2_완성.docx

03-1절에서 데이터를 표에 입력하고 테두리와 색을 지정하는 간단한 실습을 진행
했습니다. 데이터를 단순히 행과 열로 나열할 수도 있지만, 이를 서너 가지의 대분
류로 묶어 정리하면 데이터의 구조를 효과적으로 드러낼 수 있습니다. 이번에는 문
서 데이터를 읽는 사람이 쉽게 이해할 수 있도록 도와주는 몇 가지 편집 기술을 살
펴보겠습니다.

하면 된다! } 행과 열 삽입하고 셀 병합하기

다음 완성된 표와 같이 연도 열에 '전년대비 등락률'로 제목을 붙이
면서 행과 열을 삽입하고 셀을 병합하는 방법을 배워보겠습니다.

함께 보면 좋은
동영상 강의

	2016	2017	2018	2019	2020	2021	2022
생활물가지수	0.7	2.5	1.6	0.2	0.4	3.2	6.0
(식품)	0.5	2.4	2.6	3.3	2.3	0.8	2.9
(식품이외)	1.0	-1.3	-0.4	2.0	1.2	-0.1	-1.0
전월세포함 생활물가지수	1.1	0.2	0.8	2.3	1.4	0.2	0.4

↓

	품목수	가중치	전년대비 등락률(%)						
			2016	2017	2018	2019	2020	2021	2022
생활물가지수	141	532.8	0.7	2.5	1.6	0.2	0.4	3.2	6.0
(식품)	81	190.5	0.5	2.4	2.6	3.3	2.3	0.8	2.9
(식품이외)	60	342.3	1.0	-1.3	-0.4	2.0	1.2	-0.1	-1.0
전월세포함 생활물가지수	143	626.5	1.1	0.2	0.8	2.3	1.4	0.2	0.4

1. ❶ 표 아래에 생활물가지수는 105.46(2019=100)으로 전년대비 6.0% 상승이
라고 입력합니다.
❷ 커서를 첫 번째 줄로 옮깁니다.
❸ [홈] 탭 → [클립보드] 그룹 → [서식 복사]를 선택합니다.

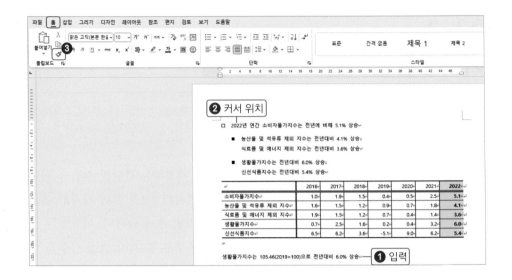

2. 방금 입력한 내용을 드래그해서 복사한 서식을 적용합니다.

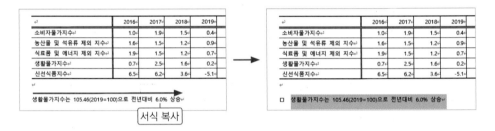

3. [삽입] 탭 → [표] 그룹 → [표] → 8×5 표를 선택해 5행 8열의 표를 삽입합니다.

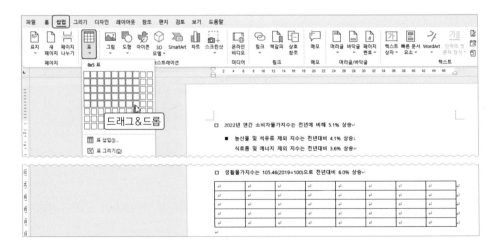

4. 표에 다음과 같이 내용을 입력합니다.

	2016	2017	2018	2019	2020	2021	2022
생활물가지수	0.7	2.5	1.6	0.2	0.4	3.2	6.0
(식품)	0.5	2.4	2.6	3.3	2.3	0.8	2.9
(식품이외)	1.0	-1.3	-0.4	2.0	1.2	-0.1	-1.0
전월세포함 생활물가지수	1.1	0.2	0.8	2.3	1.4	0.2	0.4

☐ 생활물가지수는 105.46(2019=100)으로 전년대비 6.0% 상승

5. 첫 번째 열 오른쪽에 열 2개를 삽입하겠습니다.

❶ 커서를 첫 번째 셀에 둡니다.

❷ [레이아웃] 탭 → [행 및 열] 그룹 → [오른쪽에 삽입]을 더블클릭합니다.

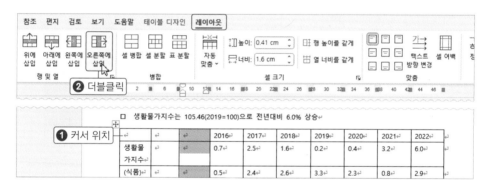

6. 첫 번째 행 위에 행을 하나 삽입하겠습니다.

❶ 커서를 첫 번째 셀에 두고 ❷ [위에 삽입]을 한 번 클릭합니다.

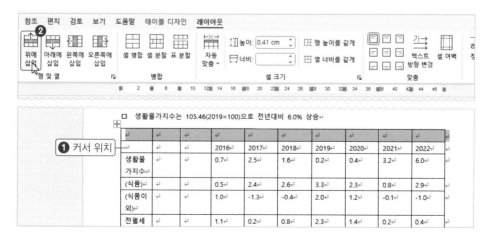

7. 첫 번째 열에 입력된 내용이 두 줄을 넘기지 않을 정도로 너비를 조절합니다.

8. ❶ 두 번째 열부터 나머지 열까지 선택합니다.

❷ [레이아웃] 탭 → [셀 크기] 그룹 → [열 너비를 같게]를 선택합니다.

9. 1~3열의 첫 번째 행과 두 번째 행을 병합하겠습니다.

❶ 첫 번째 열의 첫 번째 행과 두 번째 행을 선택합니다.

❷ [레이아웃] 탭 → [병합] 그룹 → [셀 병합]을 선택합니다.

❸ 오른쪽의 나머지 두 열도 같은 방법으로 [셀 병합] 합니다.

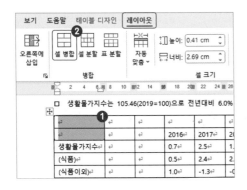 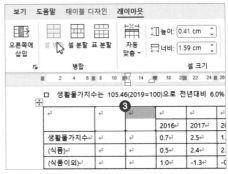

10. 첫 번째 행의 네 번째 열부터 나머지 열까지 선택해서 [셀 병합] 합니다.

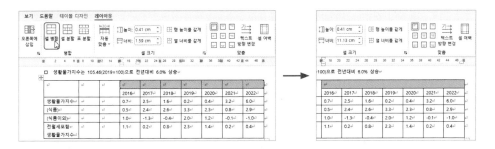

11. ❶ 추가한 셀에 수치를 입력하고 ❷ 병합한 셀에 품목수, 가중치, 전년대비 등락률(%)을 각각 입력한 후 블록 지정합니다.

❸ [레이아웃] 탭 → [맞춤] 그룹 → [가운데 맞춤]을 선택합니다.

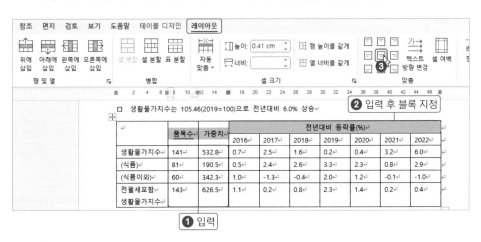

12. ❶ 표에서 연도 셀 범위를 선택하고 ❷ [오른쪽 가운데 맞춤]을 누릅니다.

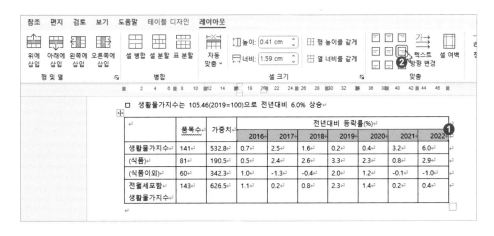

워드 기본

본문 꾸미기

표와 차트

개체 활용

문서 디자인

인쇄 및 배포

공동 작업 기능

13. ❶ 숫자 셀 범위를 선택하고 ❷ [오른쪽 가운데 맞춤]을 누릅니다.

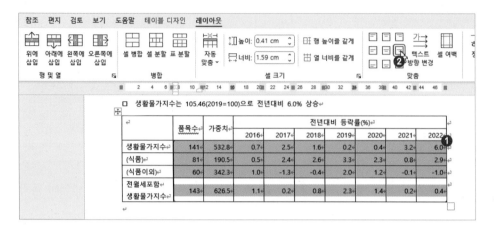

14. ❶ 첫 번째 열을 선택해 ❷ [왼쪽 가운데 맞춤] 합니다.

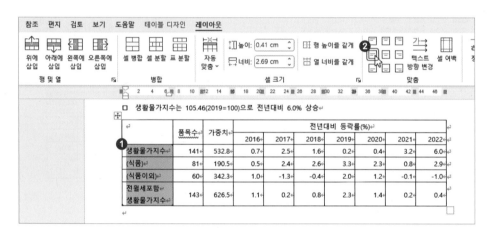

하면 된다! 〉 테두리 선 다양하게 적용하고 음영 넣기

표에서 맨 위쪽과 아래쪽은 '굵은 선', 왼쪽과 오른쪽은 '선 없음'을 설정하고, 제목과 본문은 '두 줄 선', 본문 영역의 가로 줄은 '선 없음', 2022년 열은 '음영'을 설정해 보겠습니다.

함께 보면 좋은
동영상 강의

1. ❶ 두 번째 표 전체를 선택하고 ❷ [테이블 디자인] 탭 → [테두리] 그룹 → [테두리 🔽] → [테두리 및 음영]을 선택합니다.
   ❸ [테두리 및 음영] 대화상자에서 왼쪽 테두리, 오른쪽 테두리를 눌러 선 없음으로 설정합니다.

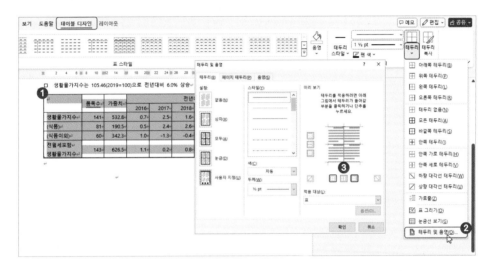

2. ❶ [두께]를 1½ pt로 지정합니다.
   ❷ 위쪽 테두리, 아래쪽 테두리를 두 번 눌러 굵은 선으로 설정합니다.
   ❸ [확인]을 누릅니다.

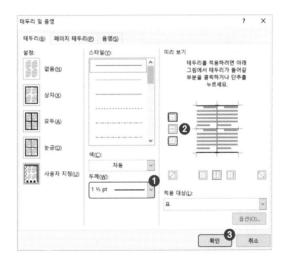

3. ❶ 첫 번째 행과 두 번째 행을 선택하고 ❷ [테두리 및 음영]을 선택합니다.

❸ [테두리 및 음영] 대화상자의 [스타일]에서 두 줄을 선택하고 ❹ 아래쪽 테두리를 두 번 눌러 두 줄을 적용한 후 ❺ [확인]을 누릅니다.

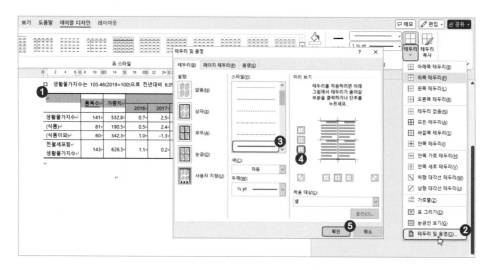

4. ❶ 첫 번째 열을 선택하고 ❷ [테두리 및 음영]을 선택합니다.

❸ [테두리 및 음영] 대화상자에서 [두께]를 ½ pt로 지정합니다.

❹ 오른쪽 테두리를 두 번 누른 후 ❺ [확인]을 누릅니다.

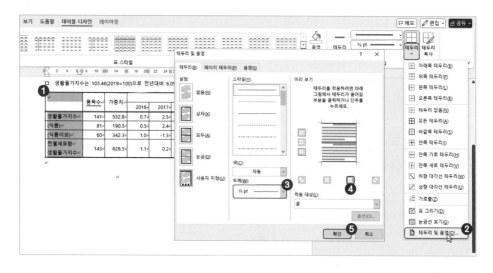

5. ❶ 1행과 2행을 제외한 나머지 행을 모두 선택하고 **❷** [테두리 및 음영]을 선택합니다.

❸ 현재 선택된 스타일이나 두께에 상관없이 가로 가운데 테두리를 한 번 눌러 가운데 줄이 나타나지 않도록 설정한 후 **❹** [확인]을 누릅니다.

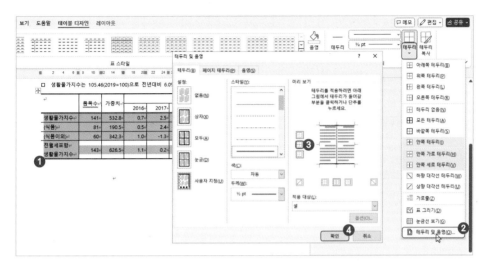

6. ❶ 2022년 데이터 부분을 선택하고 **❷** [테두리 및 음영]을 선택합니다.

❸ [음영] 탭 → [채우기] → 주황, 강조 2, 80% 더 밝게를 선택한 후 **❹** [확인]을 누릅니다.

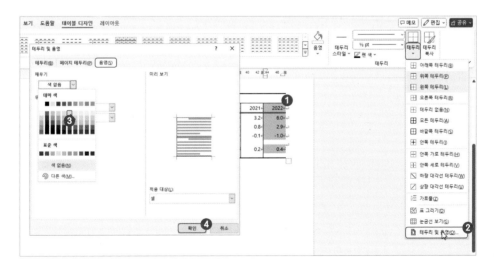

워드 기본

본문 꾸미기

표와 차트

개체 활용

문서 디테일

인쇄 및 배포

공동 작업 기능

7. 2022년 열에 주황색 음영이 적용되었습니다.

■ 생활물가지수는 전년대비 6.0% 상승
  신선식품지수는 전년대비 5.4% 상승

	2016	2017	2018	2019	2020	2021	**2022**
소비자물가지수	1.0	1.9	1.5	0.4	0.5	2.5	**5.1**
농산물 및 석유류 제외 지수	1.6	1.5	1.2	0.9	0.7	1.8	**4.1**
식료품 및 에너지 제외 지수	1.9	1.5	1.2	0.7	0.4	1.4	**3.6**
생활물가지수	0.7	2.5	1.6	0.2	0.4	3.2	**6.0**
신선식품지수	6.5	6.2	3.6	-5.1	9.0	6.2	**5.4**

□ 생활물가지수는 105.46(2019=100)으로 전년대비 6.0% 상승

	품목수	가중치	전년대비 등락률(%)						
			2016	2017	2018	2019	2020	2021	2022
생활물가지수	141	532.8	0.7	2.5	1.6	0.2	0.4	3.2	6.0
(식품)	81	190.5	0.5	2.4	2.6	3.3	2.3	0.8	2.9
(식품이외)	60	342.3	1.0	-1.3	-0.4	2.0	1.2	-0.1	-1.0
전월세포함 생활물가지수	143	626.5	1.1	0.2	0.8	2.3	1.4	0.2	0.4

 질문 있어요! **편집할 때만 테두리가 보이도록 할 수 있나요?**

표 내부를 선택한 후 [레이아웃] 탭 → [표] 그룹 → [눈금선 보기]를 선택하면 '선 없음'이
설정된 테두리를 회색 점선으로 표시합니다. 이 회색 점선은 편집할 때만 나타내고 인쇄할
때는 나타나지 않습니다.

하면 된다! ✕ 표 분할하고 합치기

만들어진 표가 너무 길어 보기 불편한 경우 분할할 수 있고, 또한
나눠진 표를 다시 합쳐 사용할 수 있습니다.
이번 실습은 03-2_실습.docx 파일에서 진행합니다.

함께 보면 좋은
동영상 강의

1. 표 분할하기

❶ 6번째 행에 커서를 두고 ❷ [레이아웃] 탭 → [병합] 그룹 → [표 분할]을 선택
합니다. 커서가 놓여 있던 행부터 다른 표가 됩니다.

커서를 기준으로
표가 분리됩니다.

2. 표 합치기

표를 다시 합치는 메뉴는 따로 없으며, 나누어진 표 사이 단락을 삭제하면 하나의
표로 합쳐집니다. 빈 단락에 커서를 두고 Delete 를 누르면 됩니다.

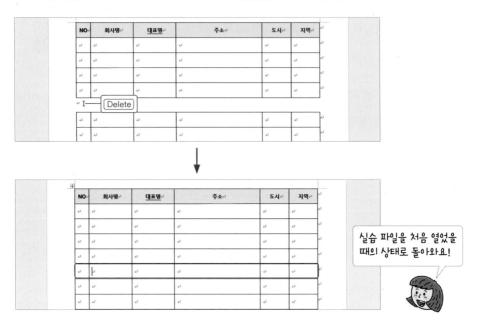

실습 파일을 처음 열었을
때의 상태로 돌아와요!

3. 표를 합칠 때 열 개수가 같아야 하는 제한 조건은 없습니다. 다만 합치려는 표 모
두 [레이아웃] 탭 → [표] 그룹 → [속성]을 선택하면 나타나는 [표 속성] 대화상자에
서 [표] 탭 → [텍스트 배치: 없음]이 선택되어 있어야 표를 합칠 수 있습니다.

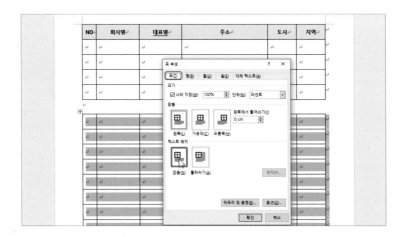

하면 된다! 〉 페이지마다 표 머리글 행 표시하기

표가 시작되는 첫 페이지에는 머리글 행이 있어 각 열에 어떤 내용이 입력되는지 쉽게 확인할 수 있지만, 행 개수가 많아지면서 다음 페이지로 넘어갈 경우 머리글 행이 한눈에 보이지 않아 불편합니다. 다음 페이지에도 머리글 행이 표시되도록 설정해 보겠습니다.

함께 보면 좋은
동영상 강의

1. 머리글 행에 커서를 두고 [레이아웃] 탭 → [데이터] 그룹 → [페이지마다 머리글 행 반복]을 선택합니다.

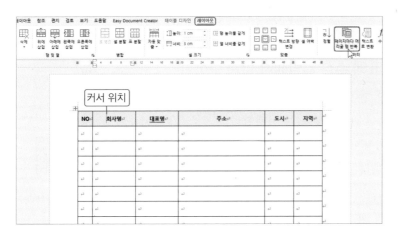

2. 다음 페이지에도 머리글 행이 표시됩니다. 이제 다음 페이지로 넘어가도 표의 각 항목이 어떤 것을 의미하는지 단번에 파악할 수 있습니다.

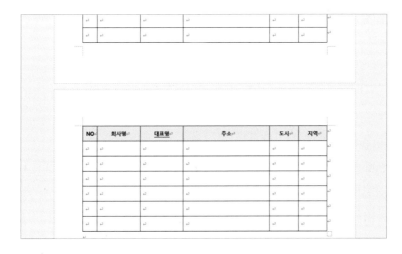

워드 기본

본문 꾸미기

표와 차트

개체 활용

문서 디테일

인쇄 및 배포

공동 작업 기능

03-3
표의 수식 기능 활용하기

• 실습 파일 03-3_실습.docx   • 완성 파일 03-3_완성.docx

표에 입력한 데이터를 바로 계산해 사용할 때는 수식 기능을 이용합니다. 계산 결과만 필요하다면 굳이 수식 기능을 사용할 필요가 없지만, 데이터가 바뀔 때마다 자동으로 재계산해 주길 원한다면 유용한 기능입니다.

하면 된다! } 표에 수식 입력해서 합계 구하기

1. ❶ 합계를 구할 행에서 두 번째 칸에 커서를 두고 ❷ [레이아웃]
   탭 → [데이터] 그룹 → [수식]을 선택합니다.

   ❸ [수식] 대화상자의 [숫자 형식]에서 #,##0을 선택하고 ❹
   [확인]을 누릅니다.

함께 보면 좋은
동영상 강의

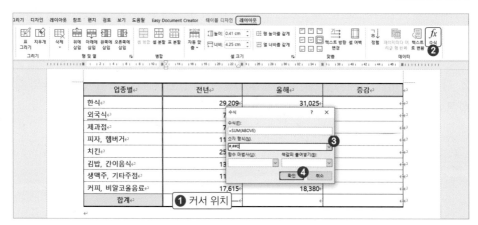

2. 합계가 입력되었습니다.

   ❶ 수식을 세 번째 칸에 복사하기 위해 방금 구한 합계를 블록 지정한 후 Ctrl +
   C를 눌러 복사합니다.

   ❷ 세 번째 합계를 구할 셀을 선택한 후 Ctrl + V를 눌러 붙여넣기 합니다.

워드 기본
문서 꾸미기
표와 차트
개체 활용
문서 디테일
인쇄 및 배포
업무 작업 기능

업종별	전년	올해	증감
한식	29,209	31,025	
외국식	7,561	7,508	
제과점	7,354	7,397	
피자, 햄버거	11,576	12,486	
치킨	25,110	25,741	
김밥, 간이음식	13,077	13,344	
생맥주, 기타주점	**① 블록 지정 후 Ctrl + C**	9,994	
커피, 비알코올음료	17,615	18,380	
합계	123,175	123,175	**② Ctrl + V**

3. 수식이 복사되어도 참조하는 셀이 저절로 바뀌지 않기 때문에 계산된 값이 똑같습니다. 수식을 선택하고 마우스 오른쪽 버튼을 눌러 [필드 업데이트]를 선택하거나 F9 를 누르면 수식 계산 결과가 '올해'에 맞춰 갱신됩니다.

업종별	전년	올해	증감
한식	29,209	31,025	
외국식	7,561	7,508	
제과점	7,354	7,397	
피자, 햄버거	11,576	12,486	
치킨	25,110	25,741	
김밥, 간이음식	13,077	13,344	
생맥주, 기타주점	11,673	9,	
커피, 비알코올음료	17,615	18,	
합계	123,175	123,175	

 질문 있어요! **왼쪽에 있는 값을 참조해서 계산할 수도 있나요?**

실습에서 [수식]에 =SUM(ABOVE)를 입력해서 위쪽 값을 참조한 것처럼, 워드에서는 예약어를 사용해서 셀 범위를 참조할 수 있습니다. 수식 괄호 안에 예약어를 넣으면 되는데, 셀 위쪽은 ABOVE, 아래쪽은 BELOW, 왼쪽은 LEFT, 오른쪽은 RIGHT로 표시합니다.

예약어	의미
ABOVE	셀 위
BELOW	셀 아래
LEFT	셀 왼쪽
RIGHT	셀 오른쪽

=SUM(LEFT, ABOVE)와 같이 여러 방향을 같이 지정할 수도 있습니다.

하면 된다! } 수식에 셀 주소 넣어서 계산하기

엑셀에서 셀 주소를 지정하는 방식과 같은 방식으로 셀 주소를 지정합니다. 열은 A, B, C, …으로 나타내고, 행은 1, 2, 3, …으로 표현합니다. 예를 들어 세 번째 행의 두 번째 열은 B3으로 표현할 수 있죠. 이런 셀 주소를 워드에서도 활용할 수 있습니다. 표를 기준으로 첫 번째 셀은 A1입니다.

함께 보면 좋은
동영상 강의

1. ❶ 두 번째 페이지에 있는 '업종별 가맹점수 현황' 표 2행 2열에 커서를 두고 ❷ [레이아웃] 탭 → [데이터] 그룹 → [수식]을 선택합니다.

2. ❶ [수식]에 수식이 나와 있으면 그대로 두고, 수식이 나와 있지 않으면 [함수 마법사]에서 SUM 함수를 선택하고 ( ) 안에 직접 BELOW를 입력해서 수식을 완성합니다.

❷ [숫자 형식]은 #,##0을 선택한 후 ❸ [확인]을 누릅니다.

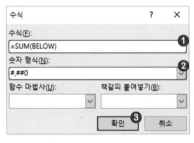

3. 수치가 입력되었습니다. 만들어진 수식을 복사하고 [필드 업데이트] 하거나, 다시 수식을 작성해 2행 3열에 수식을 나타냅니다.

업종별	전년	올해
전체 업종	210,099	210,000
편의점	41,359	41,4
문구점	1,688	1,0
의약품	3,632	3,8
안경, 렌즈	3,184	3,
한식	29,209	31,0
외국식	7,561	7,
제과점	7,354	7,
피자, 햄버거	11,576	12,
치킨	25,110	25,741

→

업종별	전년	올해	구성비
전체 업종	210,099	215,587	
편의점	41,359	41,444	
문구점	1,688	1,676	
의약품	3,632	3,839	
안경, 렌즈	3,184	3,171	
한식	29,209	31,025	
외국식	7,561	7,508	
제과점	7,354	7,397	
피자, 햄버거	11,576	12,486	
치킨	25,110	25,741	

4. 구성비를 구해 보겠습니다. 구성비는 개별 업종에서 올해 전체 업종 값을 나누어 백분율로 나타냅니다.

❶ 3행 4열에 커서를 두고 ❷ [수식]을 선택합니다.

❸ [수식] 대화상자에서 [수식]에 =C3/C2*100을 입력하고 ❹ [숫자 형식]은 소수점 이하 첫째 자리까지 나타나도록 0.0을 입력한 후 ❺ [확인]을 누릅니다.

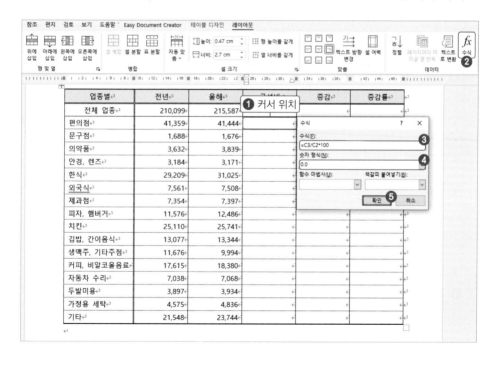

5. ❶ 19.2로 입력된 수식을 아래 셀에 복사해 붙여넣습니다.

　❷ 수식에서 마우스 오른쪽 버튼을 눌러 [필드 편집]을 선택합니다.

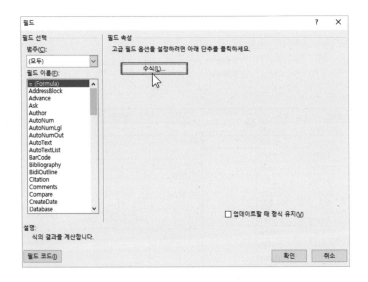

6. [필드] 대화상자에서 [필드 속성]의 [수식]을 누릅니다.

7. ❶ [수식] 대화상자의 [수식]에서 C3을 C4로 수정하고 ❷ [확인]을 누릅니다. 나머지 셀도 같은 방법으로 수정합니다. 엑셀과 달리 복사만으로는 값이 바로 구해지지 않습니다.

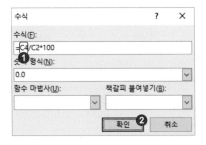

하면 된다! } 엑셀 자료 불러와서 활용하기

간단한 수식은 워드에서도 충분히 사용할 수 있지만, 복잡한 계산이나 반복 작업은 엑셀을 이용하는 것이 편리합니다. 워드에서 [삽입] 탭 → [표] 그룹 → [표 ▾] → [Excel 스프레드시트]를 선택하면 엑셀 파일을 내장할 수 있습니다.

함께 보면 좋은
동영상 강의

실습 파일의 세 번째 페이지에 있는 표는 [Excel 스프레드시트]와 연동되어 있습니다. 이번 실습은 엑셀이 설치되어 있어야 따라 할 수 있으니, 만약 엑셀을 사용할 수 없다면 다음 절로 넘어가세요.

1. 실습 파일의 세 번째 페이지에 있는 표를 더블클릭하면 엑셀이 실행됩니다.

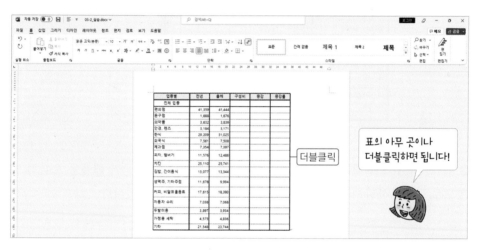

더블클릭

표의 아무 곳이나 더블클릭하면 됩니다!

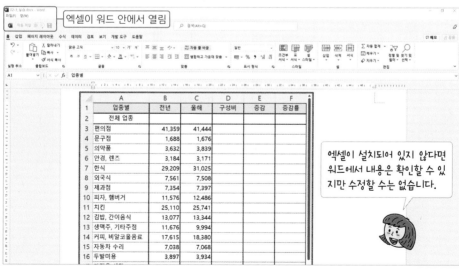

엑셀이 워드 안에서 열림

엑셀이 설치되어 있지 않다면 워드에서 내용은 확인할 수 있지만 수정할 수는 없습니다.

2. ① [B2] 셀을 선택하고 **②** [수식] 탭 → [함수 라이브러리] 그룹 → [자동 합계]를 선택합니다.

③ [B3:B18] 셀 범위를 드래그한 후 Enter 를 누릅니다.

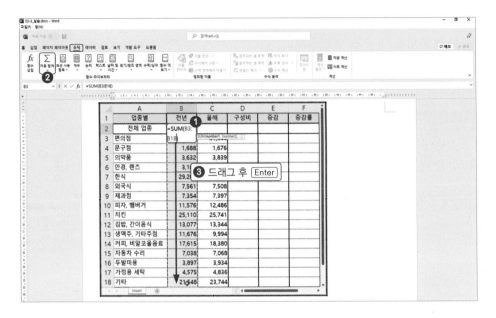

3. [B2] 셀 수식을 채우기 해서 [C2] 셀 수식을 만듭니다. 채우기 핸들을 오른쪽 방향으로 드래그하면 채우기 참조 셀이 바뀌면서 자동 채우기 됩니다.

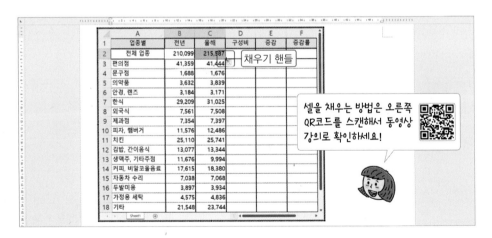

4. ❶ [D3] 셀에 커서를 두고 수식 =C3/C2*100을 작성합니다.

❷ 채우기 핸들을 더블클릭하거나 드래그하여 나머지 구성비도 구합니다.

❸ [채우기 옵션]을 눌러 [서식 없이 채우기]를 선택합니다. [서식 없이 채우기]
를 하지 않으면 [D18] 셀의 아래쪽 테두리가 '가는 선'으로 표시됩니다.

5. [D2] 셀에 커서를 두고 자동 합계로 구성비 합을 구합니다. 100이 나오면 됩니다.

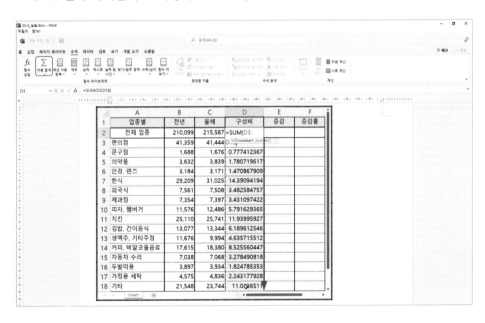

6. ❶ [D3:D18] 셀 범위를 선택한 후 Ctrl + 1을 눌러 [셀 서식] 대화상자를 실행합니다.

❷ [숫자] 범주를 선택한 후 ❸ [소수 자릿수]를 1로 지정해 소수 첫째 자리까지 표시되도록 설정하고 ❹ [확인]을 누릅니다.

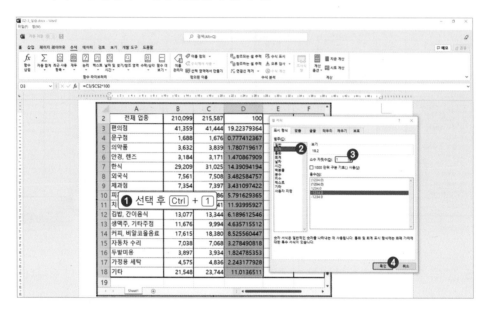

7. 표 바깥쪽을 마우스 왼쪽 버튼으로 눌러 워드로 돌아옵니다.

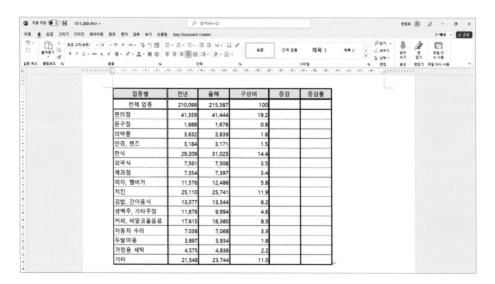

업종별	전년	올해	구성비	증감	증감률
전체 업종	210,099	215,587	100		
편의점	41,359	41,444	19.2		
문구점	1,688	1,676	0.8		
의약품	3,632	3,839	1.8		
안경, 렌즈	3,184	3,171	1.5		
한식	29,209	31,025	14.4		
외국식	7,561	7,508	3.5		
제과점	7,354	7,397	3.4		
피자, 햄버거	11,576	12,486	5.8		
치킨	25,110	25,741	11.9		
김밥, 간이음식	13,077	13,344	6.2		
생맥주, 기타주점	11,676	9,994	4.6		
커피, 비알코올음료	17,615	18,380	8.5		
자동차 수리	7,038	7,068	3.3		
두발미용	3,897	3,934	1.8		
가정용 세탁	4,575	4,836	2.2		
기타	21,548	23,744	11.0		

워드 기초

본문 꾸미기

표와 차트

개체 활용

문서 디테일

인쇄 및 배포

공동 작업 기능

 질문 있어요! **Excel 스프레드시트를 표로 바꾸려면 어떻게 하나요?**

Excel 스프레드시트를 더블클릭해 엑셀 환경에서 선택한 다음 마우스 오른쪽 버튼을 눌러
[복사]를 선택하거나 Ctrl + C 를 눌러 복사합니다.
워드로 돌아와서 Ctrl + Enter 를 눌러 새 페이지로 이동한 다음 마우스 오른쪽 버튼을 눌러 [붙여넣기]를 선택하거나 Ctrl + V 를 누르면 표 형식으로 붙여넣기 됩니다.

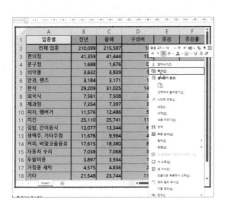

03-4
차트로 데이터 흐름 표현하기

• 실습 파일 03-4_실습.docx   • 완성 파일 03-4_완성.docx

표 개체로 작성된 수치 데이터는 그 안에 담긴 의미를 직관적으로 파악하기 어렵습니다. 수치 데이터의 높낮이나 흐름을 한눈에 볼 수 있는 차트를 만들어 보겠습니다.

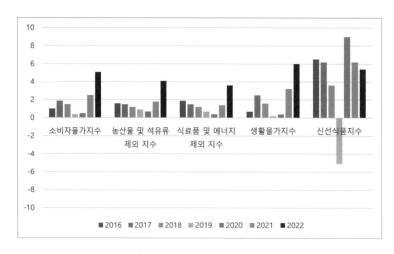

하면 된다! 〉 표를 차트로 만들기

표 내용을 차트로 만들어 데이터 추이를 표현해 보겠습니다.

함께 보면 좋은
동영상 강의

1. ❶ 차트로 나타낼 표를 선택한 뒤 ❷ Ctrl + C 를 눌러 복사합니다.

❶

⊞을 클릭하면 표가
한번에 선택됩니다!

	2016	2017	2018	2019	2020	2021	2022
소비자물가지수	.0	1.9	1.5	0.4	0.5	2.5	5.1
농산물 및 석유류 제외 지수	1.6	1.5	1.2	0.9	0.7	1.8	4.1
식료품 및 에너지 제외	1.9	1.5	1.2	0.7	0.4	1.4	3.6
생활물가지수	0.7	2.5	1.6	0.2	0.4	3.2	6.0
신선식품지수	6.5	6.2	3.6	-5.1	9.0	6.2	5.4

❷ Ctrl + C

2. ❶ 차트를 나타낼 위치에 커서를 두고 ❷ [삽입] 탭 → [일러스트레이션] 그룹 → [차트]를 선택합니다. ❸ [차트 삽입] 대화상자가 나타나면 [묶은 세로 막대형]을 선택하고 ❹ [확인]을 누릅니다.

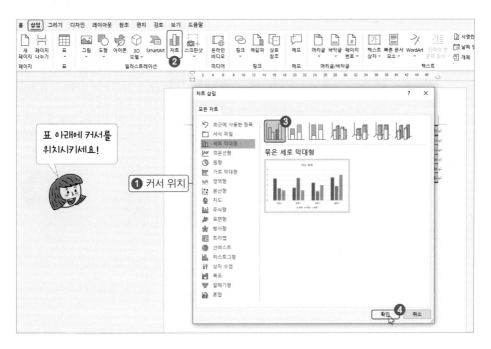

3. ❶ 차트 데이터 입력 창 [A1] 셀에 커서를 두고 ❷ Ctrl + V를 눌러 복사한 표를 붙여넣기 합니다. ❸ 차트 데이터 편집 창을 닫습니다.

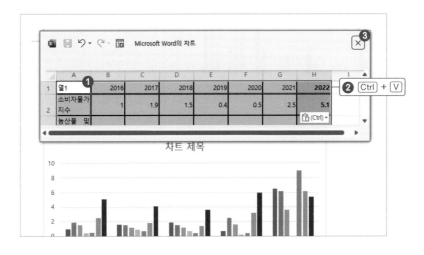

워드 기본

본문 꾸미기

표와 차트

개체 활용

문서 디테일

인쇄 및 배포

공동 작업 기능

4. ❶ 차트를 선택한 뒤 ❷ [차트 요소]를 선택하고 ❸ [차트 제목]의 체크 표시를 해 제합니다.

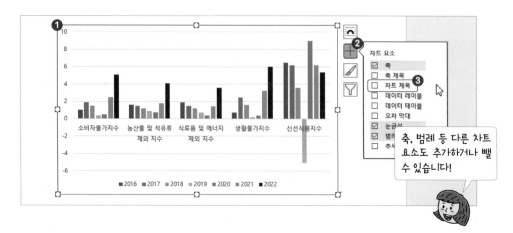

하면 된다! ﹜ 차트 보기 좋게 편집하기

축 값의 최댓값은 10인데 최솟값이 -6으로 자동 설정되어 위아래가 비대칭으로 나 타나네요. 축의 최솟값을 조정해 차트를 좀 더 보기 좋게 만들어 보겠습니다.

1. ❶ [차트 요소] → [축] → [기타 옵션]을 선택하고 ❷ 차트 왼쪽에 있는 세로축을 클릭합니다.

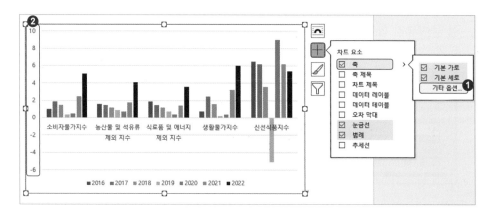

2. ❶ [축 서식] 창에서 [축 옵션 ▮▮]을 클릭하고 ❷ 경계 최소값을 -10으로 입력합
니다. 위아래 간격이 동일해져 데이터의 전체적인 등락을 보다 직관적으로 살필
수 있습니다.

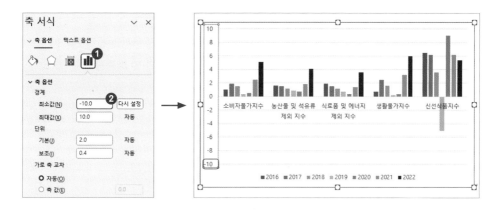

 질문 있어요! **차트 형태를 다른 것으로 바꾸고 싶어요!**

'묶은 세로 막대형' 외에 다른 차트 형태로 바꾸려면 차트 위에서 마우스 오른쪽 버튼을 눌
러 [차트 종류 변경]을 클릭하면 됩니다. 데이터의 내용에 따라 꺾은선형, 원형, 분산형 등 차
트의 종류를 자유롭게 선택할 수 있습니다.

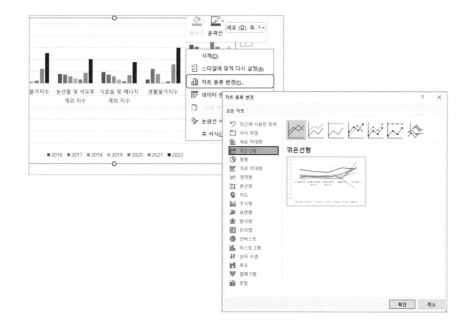

워드 기본

본문 꾸미기

표와 차트

개체 활용

문서 디테일

인쇄 및 배포

공통 작업 기능

신뢰도를 높이는 표 삽입하기

보고서에 표, 차트 등 데이터를 한눈에 보여 주는 자료를 넣으면 문서의 신뢰도를 한 층 더 높일 수 있습니다. 다음 표를 '4. 주요 온실가스 배출 국가 및 배출량 비교' 아래에 입력하고 서식을 보기 좋게 설정해 보세요.

국가	2010년 배출량(억 톤)	2020년 배출량(억 톤)
중국	90	100
미국	60	55
인도	25	30
러시아	20	218
일본	12	10

• 완성 파일 보고서 미션_03.docx

하고, 대중 매체를 통해 기후 변화의 위험성을 알리는 노력이 필요합니다.↵

'4 주요 온실가스 배출 국가 및 배출량 비교↵

국가↵	2010 년 배출량 (억 톤)↵	2020 년 배출량 (억 톤)↵	
중국↵	90↵	100↵	←
미국↵	60↵	55↵	←
인도↵	25↵	30↵	←
러시아↵	20↵	18↵	←
일본↵	12↵	10↵	←

↵

✏️ 힌트!

• 표의 서식은 표 안쪽을 클릭하면 나타나는 [테이블 디자인] 탭에서 설정할 수 있습니다.
  130쪽 참고
• 엑셀 프로그램이 설치되어 있다면 엑셀에서 만든 후 복사해서 불러오세요. 151쪽 참고

표의 데이터를 잘못된 순서로 입력했어요!

표에 입력된 데이터의 순서가 잘못되어 행을 옮겨야 하는 경우 바로 가기 키를 활용하면 편리합니다. 다음 표에서 인천 지점의 데이터를 서울 본사 데이터 위로 이동해보겠습니다.

지점별 매출 지표

지점명	매출액	비용	순이익
서울 본사	660,456	294,925	365,531
부산 지점	689,145	311,934	377,211
인천 지점	590,056	244,254	345,802

마지막 행인 4행의 데이터를 제목 행 바로 아래로 옮기려면 바로 가기 키 [Alt] + [Shift] + [↑]를 두 번 누르면 됩니다. 이처럼 표의 행을 한번에 이동하려면 [Alt] + [Shift]를 누른 채로 위아래 방향키를 누르면 됩니다. 글자는 물론 서식까지 함께 이동할 수 있어 유용한 기능입니다.

지점별 매출 지표

지점명	매출액	비용	순이익
서울 본사	660,456	294,925	365,531
인천 지점	590,056	244,254	345,802
부산 지점	689,145	311,934	377,211

[Alt] + [Shift] + [↑]를 한 번 누른 경우

지점별 매출 지표

지점명	매출액	비용	순이익
인천 지점	590,056	244,254	345,802
서울 본사	660,456	294,925	365,531
부산 지점	689,145	311,934	377,211

[Alt] + [Shift] + [↑]를 두 번 누른 경우

그림, 도형, 수식 등 보충 자료 만들기

내용을 잘 전달하려면 텍스트뿐만 아니라 다양한 개체를 써서 표현하는 것이 좋습니다. 그림, 도형, 워드아트 등 도식화 개체를 넣고, 분수나 계산 공식 등 키보드로는 입력할 수 없는 수식 표현을 삽입해 문서를 보다 풍부하게 만들어 보겠습니다.

04-1 **그림 삽입하고 편집하기**

04-2 **도형으로 순서도 만들기**

04-3 **워드아트, 수식을 입력하는 방법**

04-4 **자주 쓰는 요소는 등록해 사용하자!**

이 장의 목표

☑ 그림, 도형, 워드아트를 삽입해서 문서를 풍부하게 편집할 수 있다.

☑ 분수식, 계산식 등 수식 표현을 삽입할 수 있다.

☑ 자주 사용하는 요소를 빠른 문서 요소에 등록하고 자유롭게 활용할 수 있다.

워드 기본

본문 꾸미기

표와 차트

개체 활용

문서 디자인

인쇄 및 배포

공동 작업 기능

04-1
그림 삽입하고 편집하기

• 실습 파일 04-1_실습.docx, [04-1_이미지] 폴더 • 완성 파일 04-1_완성.docx

문서 내용의 이해를 돕거나 문서에 심미성을 더하고 싶다면 내용과 관련된 그림을
삽입해 보세요. 중간에 그림 하나만 들어가도 **빽빽한** 느낌을 한층 덜 수 있습니다.

하면 된다! } 그림 삽입하기

그림을 나타낼 위치에 커서를 두고 그림을 삽입합니다. 그림을 삽
입한 뒤 위치를 따로 설정할 수 있지만, 처음부터 그림을 나타낼
위치를 기준으로 작업하는 것이 더 편리합니다.

1. ❶ 고려는 상업(商業)을 중요시하였다.로 시작하는 단락에 커서
   를 두고 ❷ [삽입] 탭 → [일러스트레이션] 그룹 → [그림] → [이 디바이스]를 선
   택합니다.
   ❸ 그림 파일을 선택한 후 ❹ [삽입]을 누르면 커서 위치에 그림이 삽입됩니다.

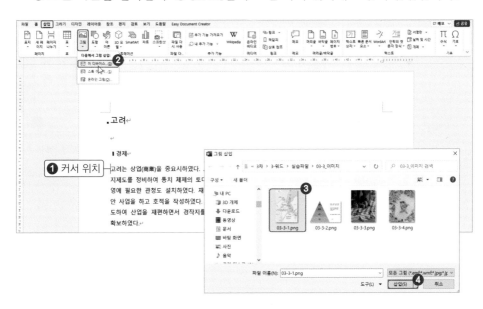

2. 그림이 선택된 상태에서 [그림 서식] 탭 → [크기] 그룹 → [너비]에 6.5를 입력합니다. 그림은 높이와 너비 비율이 고정되어 있으므로 높이나 너비 중 하나만 입력하면 나머지 값은 자동으로 입력됩니다.

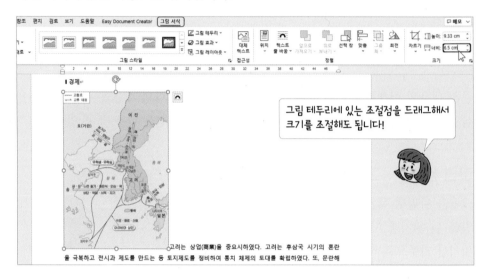

그림 테두리에 있는 조절점을 드래그해서 크기를 조절해도 됩니다!

3. ❶ 그림을 선택한 후 [레이아웃 옵션] → [텍스트 배치: 정사각형]을 선택합니다.
　　❷ [더 보기]를 누릅니다.

4. ❶ [레이아웃] 대화상자에서 [위치] 탭을 선택하고 ❷ 세로의 [절대 위치]에 1.5cm를 입력한 후 ❸ [확인]을 누릅니다.

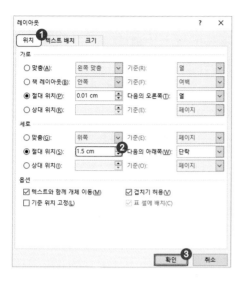

5. 그림이 문자와 어울려 보기 좋게 정렬됩니다.

원드 기본

본문 꾸미기

표와 차트

개체 활용

문서 디테일

인쇄 및 배포

공동 작업 기능

하면 된다! } 그림 적절히 배치하기

그림을 삽입할 때 반드시 설정해야 하는 3가지가 있습니다. 첫째는 위치이고, 둘째는 텍스트 배치, 그리고 마지막은 크기입니다. 위치는 그림을 어디에 나타낼 것인가를 결정하고, 텍스트 배치는 그림과 글자의 관계를 어떻게 정할 것인가를 나타냅니다.

함께 보면 좋은
동영상 강의

처음 그림을 삽입하면 텍스트 배치는 '텍스트 줄 안'으로 되어 있는데, 삽입한 그림을 글자처럼 취급한다는 의미입니다. 보통의 글자처럼 자리를 차지하며, 글자와 그림 사이에 띄어쓰기도 할 수 있습니다. 그 외 다른 텍스트 배치를 선택하면 삽입한 그림을 단락으로 취급하고 위치도 직접 지정할 수 있습니다.

1. ❶ 2페이지 고려의 수취체제 제목 위 빈 줄에 커서를 둡니다.

   ❷ [삽입] 탭 → [일러스트레이션] 그룹 → [그림] → [이 디바이스]를 누릅니다.

   ❸ 그림 파일을 선택한 후 ❹ [삽입]을 누릅니다.

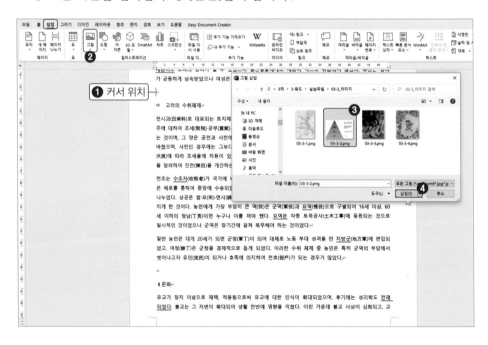

2. 커서 위치에 그림이 삽입되었습니다.

❶ [그림 서식] 탭 → [크기] 그룹 → ◸를 누릅니다.

❷ [레이아웃] 대화상자에서 [너비]의 [절대]에 9.5를 입력하고 ❸ [확인]을 누릅니다.

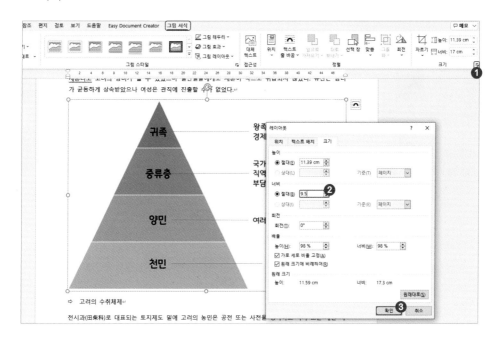

3. [그림 서식] 탭 → [정렬] 그룹 → [위치] → [텍스트 배치: 텍스트를 정사각형으로 배치하고 오른쪽 위에 배치]를 선택합니다.

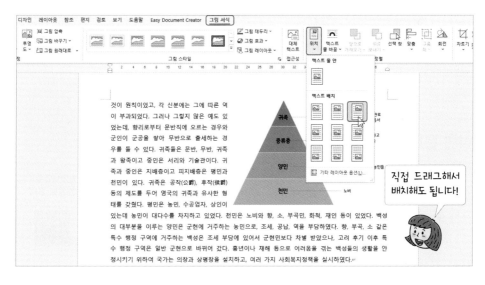

워드 기본

본문 꾸미기

표와 차트

개체 활용

문서 디테일

인쇄 및 배포

공동 작업 기능

질문 있어요! **그림을 글보다 뒤로 배치할 수도 있나요?**

그림은 [텍스트 배치]를 사용해 문서 내에 자유롭게 배치할 수 있습니다. [텍스트 배치]의 종류는 다음과 같으며, 문서에 어울리게 설정해서 배치하면 됩니다. 그림을 글 뒤로 배치하려면 [텍스트 뒤]를 선택하면 됩니다.

텍스트 배치	의미
텍스트 줄 안(I)	하나의 글자로 취급, 단락에 글자를 추가하거나 삭제하면 같이 움직임
정사각형(Q)	사각형 개체로 취급, 양옆에 글자를 채울 수 있음
빽빽하게(T)	삽입된 개체 모양에 따라 글자가 주위에 채워짐
투과하여(H)	삽입된 개체 모양에 따라 글자가 주위에 채워지는데, 개체 중간에 빈 공간이 있으면 그곳에도 글자가 채워짐
위/아래(O)	삽입된 개체 위아래에 글자가 채워지며, 개체 양옆에 글자를 채울 수 없음
텍스트 뒤(B)	글자 뒤에 개체가 배경처럼 놓여짐
텍스트 앞(F)	글자 앞에 개체가 놓여져 개체 뒤 글자는 보이지 않게 됨

하면 된다! } 그림 편집하기

전문 사진 편집 프로그램에 비해서는 부족하지만 워드에도 그림 편집 기능이 있습니다. 간단하게라도 꾸밈을 넣는 용도로 활용해 보세요.

함께 보면 좋은
동영상 강의

1. ❶ 3페이지 유교가 정치 이념으로 채택~으로 시작하는 단락에 커서를 둡니다.

   ❷ [삽입] 탭 → [일러스트레이션] 그룹 → [그림] → [이 디바이스]를 누릅니다.

   ❸ 그림 파일을 선택한 후 ❹ [삽입]을 누릅니다.

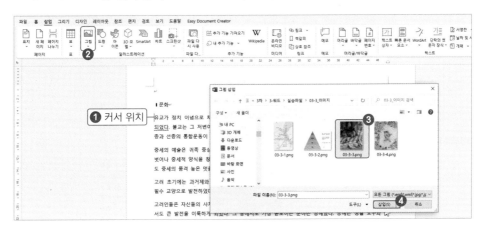

2. [그림 서식] 탭 → [정렬] 그룹 → [위치] → [텍스트 배치: 텍스트를 정사각형으로 배치하고 정가운데에 배치]를 선택합니다.

3. [그림 서식] 탭 → [그림 스타일] 그룹 → ⬛ → [금속 타원]을 선택합니다. 마치 액자에 끼워진 것처럼 그림이 금속 타원 모양에 들어가 있는 것을 확인할 수 있습니다.

4. [그림 서식] 탭 → [정렬] 그룹 → [텍스트 줄 바꿈] → [빽빽하게]를 선택합니다. 그림과 텍스트가 자연스럽게 어우러집니다.

하면 된다! } 그림 압축해서 파일 용량 줄이기

문서에 그림을 여러 장 삽입하면 파일 용량이 너무 커져 저장하거나 메일에 첨부할 때 시간이 오래 걸립니다. 요즘 스마트폰으로 찍은 사진 한 장의 크기가 작게는 2MB, 크게는 10MB를 넘기 일쑤고요.

함께 보면 좋은
동영상 강의

문서에서 그림 크기를 줄여도 보여지는 크기만 줄 뿐이지 그림 용량은 그대로입니다. 또한 자르기 기능으로 그림의 일부를 보이지 않게 수정해도 용량은 변하지 않습니다. 그림을 다시 원래대로 되돌릴 수 있도록 원본 정보를 보유하고 있기 때문이죠. 따라서 이런 방법으로는 그림의 실질적인 용량을 줄일 수 없습니다.

물론 방법은 있습니다. 바로 삽입한 그림의 용량을 줄이는 '그림 압축' 기능을 사용하면 됩니다.

1. ❶ 4페이지 풍속 제목 아래 단락 시작 위치에 커서를 둡니다.

　❷ [삽입] 탭 → [일러스트레이션] 그룹 → [그림] → [이 디바이스]를 누릅니다.

　❸ 그림 파일을 선택한 후 ❹ [삽입]을 누릅니다.

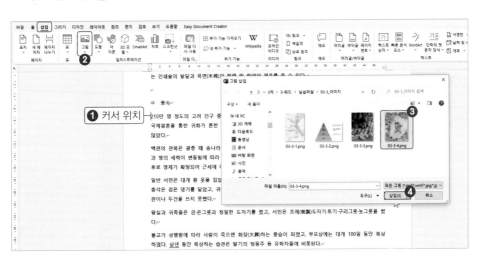

2. [그림 서식] 탭 → [정렬] 그룹 → [위치] → [텍스트 배치: 텍스트를 정사각형으로 배치하고 오른쪽 가운데에 배치]를 선택합니다.

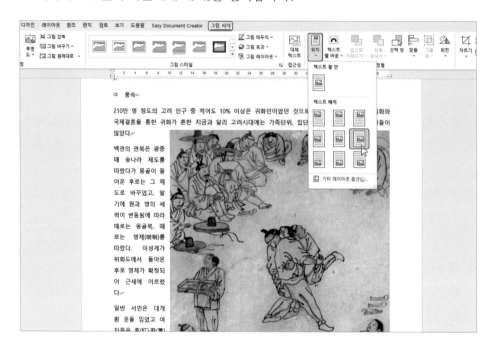

3. 그림을 선택하면 나타나는 크기 조절점 중에서 왼쪽 아래 조절점을 오른쪽 위로 끌어 그림을 적당한 크기로 줄입니다.

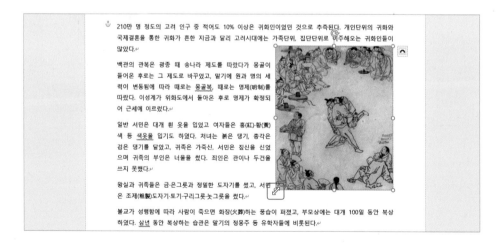

4. ❶ [그림 서식] 탭 → [조정] 그룹 → [그림 압축]을 선택합니다.

❷ [그림 압축] 대화상자에서 [확인]을 눌러 기본값으로 그림 용량을 줄입니다.

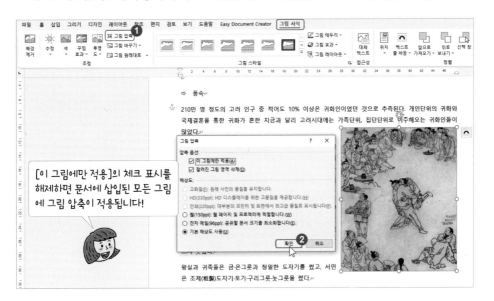

[이 그림에만 적용.]의 체크 표시를 해제하면 문서에 삽입된 모든 그림에 그림 압축이 적용됩니다!

5. [파일] → [옵션]을 선택하여 [Word 옵션] 대화상자를 실행합니다.

❶ [고급]을 선택하고 ❷ [이미지 크기 및 품질]의 [편집 데이터 취소]에 체크 표시하면 그림을 원래대로 되돌리기 위한 정보를 보관하지 않고 삭제합니다. 체크 표시한 경우 그림을 원래대로 되돌리려면 그림을 다시 삽입해야 합니다.

워드 기본

본문 꾸미기

표와 차트

개체 활용

문서 디테일

인쇄 및 배포

공동 작업 기능

이 아이콘은 그림이 삽입된 위치를 나타냅니다. 그림을 삽입한 뒤 위치 기능을 이용하거나 마우스로 그림을 직접 끌어서 원하는 위치에 배치할 수 있습니다. 그림이 보여지는 위치와 상관없이 그림이 삽입되었다는 정보가 있는 곳을 나타내며, 그림을 삽입할 때 커서가 놓여져 있던 곳입니다.

따라서 그림을 삽입할 때 커서를 단락 중간쯤에 두지 말고 빈 줄이나 단락 시작 위치에 두는 것이 보기 좋습니다.

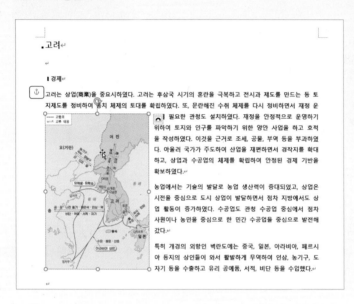

워드 기본
본문 꾸미기
표와 차트
개체 활용
문서 디테일
인쇄 및 배포
공동 작업 기능

04-2
도형으로 순서도 만들기

• 실습 파일 없음(새 문서) • 완성 파일 04-2_완성.docx

문서를 보충해 주는 도해는 도형 기능을 사용해서 만들 수 있습니다. 특히 텍스트와 기호만으로 작성하기 어려운 순서도를 그릴 때 도형을 활용하면 효과적으로 표현할 수 있습니다. 여기서는 사회 문제와 대응을 다루는 순서도를 간단히 만들어 보겠습니다.

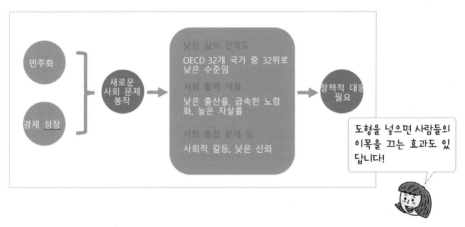

하면 된다! ﹜ 도형으로 순서도 틀 그리기

원과 화살표를 삽입해서 순서도의 틀을 그려 보겠습니다.

1. 타원 삽입하기

❶ [삽입] 탭 → [일러스트레이션] 그룹 → [도형] → [기본 도형: 타원]을 선택합니다.

❷ Shift를 누른 상태에서 드래그해 적당한 크기로 도형을 삽입합니다.

도형을 삽입할 때 Shift를 누른 상태에서 드래그하면 가로세로 비율이 1:1인 도형을 그릴 수 있고, Ctrl을 누른 상태에서 드래그하면 마우스 커서를 누른 위치가 도형의 중심이 되도록 그릴 수 있습니다.

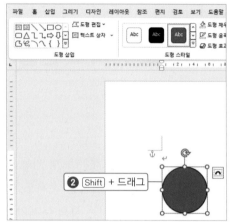

2. 도형 서식 설정하기

❶ [도형 서식] 탭 → [도형 스타일] 그룹 → [도형 윤곽선] → [윤곽선 없음]을 선택합니다.

❷ [도형 채우기] → [다른 채우기 색]을 선택해 ❸ [색] 대화상자의 [사용자 지정] 탭에서 빨강 245, 녹색 155, 파랑 194를 입력하고 ❹ [확인]을 누릅니다.

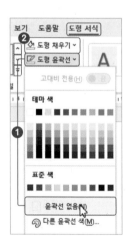
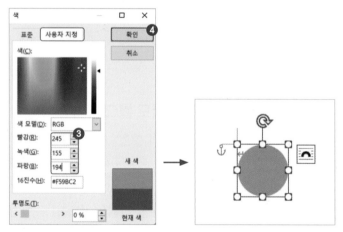

3. 도형 복제하기

❶ 도형을 선택한 상태에서 Ctrl + D를 눌러 복제하고 마우스로 드래그해 아래에 배치합니다. ❷ 이어서 Ctrl을 누른 상태에서 현재 선택된 도형을 마우스로 드래그해 오른쪽 빈 영역에 가져다 놓습니다.

워드 기본

본문 꾸미기

표와 차트

개체 활용

문서 디자인

인쇄 및 배포

공동 작업 기능

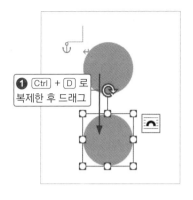

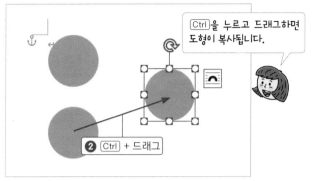

4. [도형 채우기] → [다른 채우기 색]을 선택해 ❶ [색] 대화상자의 [사용자 지정] 탭에서 빨강 167, 녹색 136, 파랑 118을 입력하고 ❷ [확인]을 누릅니다.

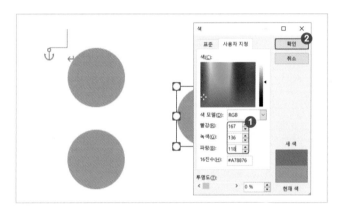

5. Ctrl 을 누른 상태에서 현재 선택된 도형을 드래그해 오른쪽 끝에 가져다 놓습니다.

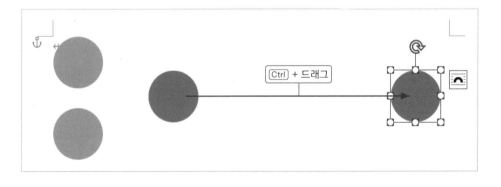

6. [도형 서식] 탭 → [도형 삽입] 그룹 → [도형]을 눌러 도형 목록을 확장하여 [사 각형: 둥근 모서리]를 선택합니다.

7. ❶ 빈 영역에 최대한 크게 도형을 그려넣고 ❷ [도형 윤곽선] → [윤곽선 없음]을 선택합니다.

❸ [도형 채우기] → [다른 채우기 색]을 선택해 ❹ [색] 대화상자의 [사용자 지 정] 탭에서 빨강 165, 녹색 165, 파랑 209를 입력하고 ❺ [확인]을 누릅니다.

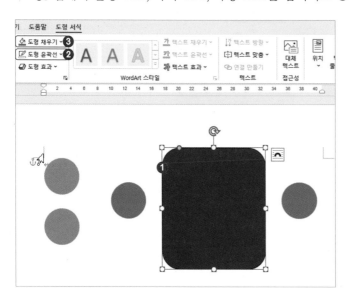

8. [도형 서식] 탭 → [도형 삽입] → [도형]을 눌러 도형 목록을 확장하여 [기본 도형: 오른쪽 중괄호]를 선택합니다.

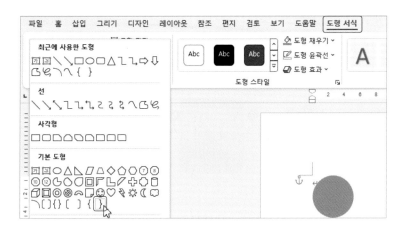

9. 도형 크기와 윤곽선 두께 조절하기

❶ 도형을 적당한 크기로 만든 뒤 ❷ [도형 서식] 탭 → [크기] 그룹에서 도형 높이 4, 도형 너비 1로 지정하고 적당한 위치에 놓습니다.

❸ [도형 윤곽선] → [두께] → 4½pt로 설정합니다.

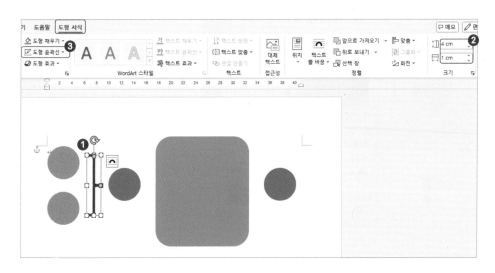

10. ❶ [도형 서식] 탭 → [도형 삽입] 그룹 → [도형]을 눌러 도형 목록을 확장하고

❷ [선] → [선 화살표]를 선택해 화살표를 그립니다.

❸ [도형 윤곽선] → [두께] → 4½pt로 윤곽선 두께를 설정하고 ❹ 도형 너비는 1로 지정한 뒤 ❺ 복사해서 하나 더 삽입합니다.

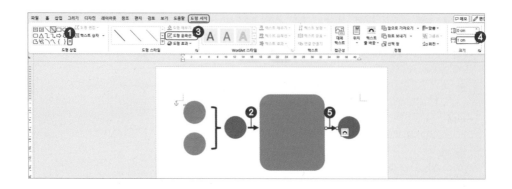

11. ❶ Shift를 누른 상태에서 '선 화살표' 도형과 '오른쪽 중괄호' 도형을 클릭해 선택하고 [도형 서식] 탭 → [도형 스타일] 그룹 → [도형 윤곽선] → [다른 윤곽선 색]을 선택합니다. ❷ [색] 대화상자의 [사용자 지정] 탭에서 빨강 166, 녹색 166, 파랑 166을 입력하고 ❸ [확인]을 누릅니다.

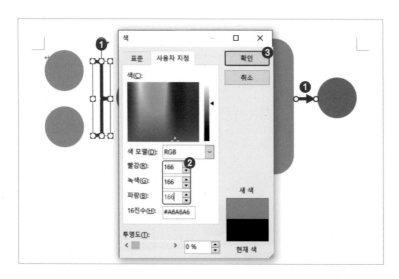

하면 된다! } 도형에 글자 입력하기

도형을 삽입해서 순서도의 틀을 만들었으니, 이제 각 도형에 글자를 입력해 보겠습니다.

함께 보면 좋은
동영상 강의

워드 기본

본문 꾸미기

표와 차트

개체 활용

문서 디테일

인쇄 및 배포

공동 작업 기능

1. ❶ [도형 서식] 탭 → [도형 삽입] 그룹 → [텍스트 상자]를 선택합니다.

   ❷ 분홍색 원 도형 위를 클릭해서 텍스트 상자를 그린 뒤 민주화를 입력하고 입력된 내용에 맞게 크기를 줄여 첫 번째 원 도형 위에 놓습니다.

   ❸ [도형 서식] 탭 → [도형 스타일] 그룹 → [도형 채우기] → [채우기 없음]을 선택한 뒤 ❹ [도형 윤곽선] → [윤곽선 없음]을 선택합니다.

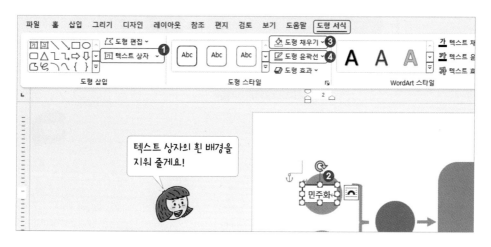

2. ❶ [홈] 탭 → [글꼴] 그룹 → [글꼴 색] → [테마 색: 흰색, 배경 1]을 선택해 글꼴 색을 변경합니다.

   ❷ Ctrl 을 누른 상태에서 텍스트 상자를 마우스로 드래그해 나머지 원 도형에 각각 복사하고 ❸ 모서리가 둥근 사각형 도형 위에도 하나 복사합니다.

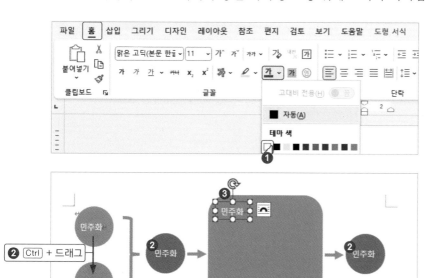

3. 각 텍스트 상자에 경제 성장, 새로운 사회 문제 봉착, 낮은 삶의 만족도, 정책적 대응 필요를 각각 입력합니다.

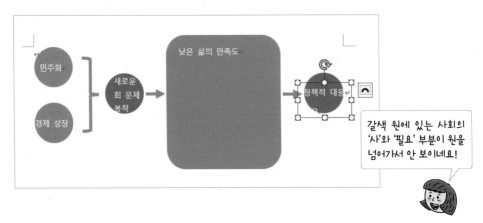

갈색 원에 있는 사회의 '사'와 '필요' 부분이 원을 넘어가서 안 보이네요!

4. 정렬, 줄 간격 조정하기

텍스트 상자에서 줄 바꿈을 하려면 정렬과 줄 간격을 조정해 줘야 합니다. 마우스 오른쪽 버튼을 누르고 [단락]을 클릭해 [단락] 대화상자를 연 다음 ➊ [맞춤]은 [가운데 맞춤], ➋ [단락 뒤] 간격은 0, ➌ [줄 간격]은 12pt로 고정하고 ➍ [확인]을 누릅니다.

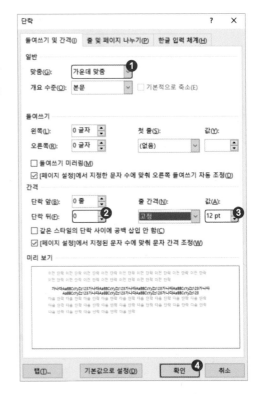

5. ❶ '낮은 삶의 만족도' 텍스트 상자를 아래로 복사하고 OECD 32개 국가 중 32위
로 낮은 수준임을 입력한 뒤 텍스트 상자 너비를 모양에 맞게 조절합니다. 그리고
[단락] 대화상자에서 [단락 뒤] 간격을 0, [줄 간격]을 12pt로 고정합니다.

❷ '낮은 삶의 만족도' 텍스트 상자를 선택하고 ❸ [홈] 탭 → [글꼴] 그룹 → [글
꼴 색] → [다른 색]을 클릭해 [색] 대화상자의 [사용자 지정] 탭에서 빨강 150,
녹색 129, 파랑 205를 입력합니다.

❹ [확인]을 눌러 저장합니다.

6. ❶ 모서리가 둥근 사각형에 배치된 두 텍스트 상자를 동시에 선택한 다음 ❷ 아
래로 두 번 복사하고 내용을 채웁니다.

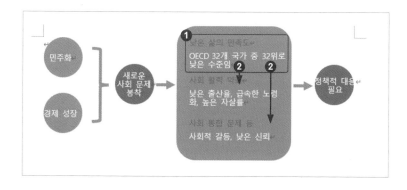

워드 기본

본문 꾸미기

표와 차트

개체 활용

문서 디테일

인쇄 및 배포

공동 작업 기능

7. 도형 그룹화하기

❶ [홈] 탭 → [편집] 그룹 → [선택] → [개체 선택]을 클릭한 다음 모든 도형이 포함되도록 마우스로 드래그해서 한꺼번에 선택합니다. 이때 선 화살표 도형은 선택되지 않는데 (Shift)를 누르고 각각 선택해서 선택 항목에 포함시키면 됩니다.

❷ [도형 서식] 탭 → [정렬] 그룹 → [그룹화] → [그룹]을 선택해서 순서도를 그룹화합니다.

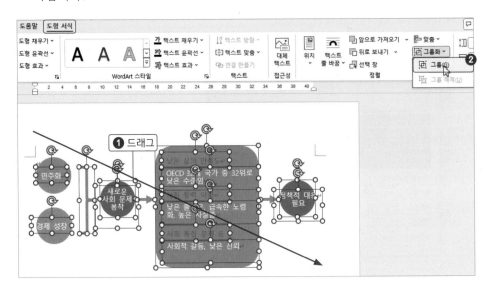

8. 이제 순서도가 하나로 묶여 한꺼번에 이동하거나 정렬할 수 있습니다.

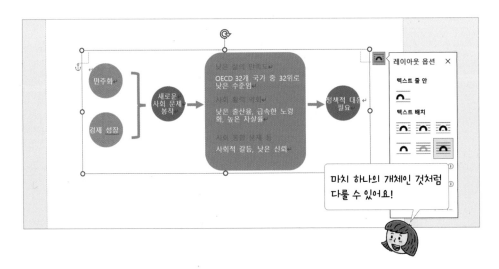

워드 기본

본문 꾸미기

표와 차트

개체 활용

문서 디테일

인쇄 및 배포

공동 작업 기능

04-3
워드아트, 수식을 입력하는 방법

• 실습 파일 04-3_실습1~2.docx   • 완성 파일 04-3_완성.docx

워드아트와 수식을 문서의 목적에 맞게 사용하면 단순히 텍스트만 입력할 때보다
내용의 의도를 잘 전달할 수 있습니다. 보통 워드아트는 제목에 사용되어 텍스트를
강조하는 역할을 하고, 수식은 분수식을 표현하거나 수식에 사용하는 문자나 기호
를 불러오는 데 유용합니다.

하면 된다! } 워드아트 삽입하기

워드아트는 텍스트를 돋보이게 만드는 특수 효과 기능입니다. 워드아트는 평범한 본
문 글자에 비해 눈에 띄기 때문에 특정 내용을 강조하는 데 효과적입니다.

	2016	2017	2018	2019	2020	2021	2022
소비자물가지수	1.0	1.9	1.5	0.4	0.5	2.5	5.1
농산물 및 석유류 제외 지수	1.6	1.5	1.2	0.9	0.7	1.8	4.1
식료품 및 에너지 제외 지수	1.9	1.5	1.2	0.7	0.4	1.4	3.6
생활물가지수	0.7	2.5	1.6	0.2	0.4	3.2	6.0
신선식품지수	6.5	6.2	3.6	-5.1	9.0	6.2	5.4

1. ❶ 페이지 첫 번째 줄에 커서를 두고 ❷ [삽입] 탭 → [텍스트] 그룹 → [WordArt]
   → [채우기: 주황, 강조색 2, 윤곽선: 주황, 강조색 2]를 선택합니다.

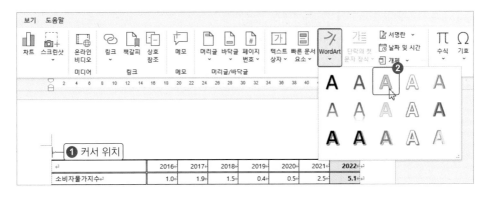

2. ❶ 연도별 물가지수 변화라고 입력하고 ❷ [레이아웃 옵션]에서 [위/아래]를 선
택합니다.

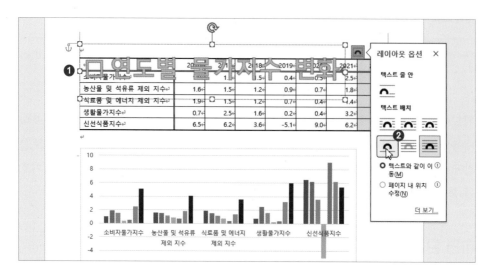

3. [도형 서식] 탭 → [WordArt 스타일] 그룹 → [텍스트 효과] → [변환] → [휘기]
에서 [갈매기형 수장: 위로]를 선택합니다.

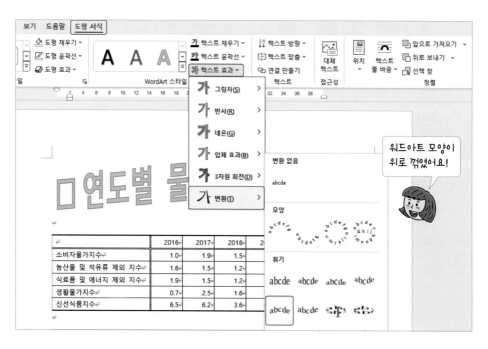

4. [도형 서식] 탭 → [정렬] 그룹 → [위치] → [텍스트 배치: 텍스트를 정사각형으로 배치하고 위쪽 가운데에 배치]를 선택합니다.

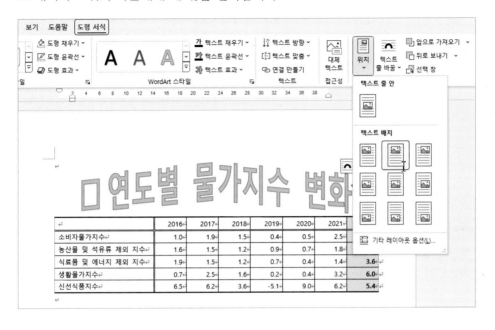

하면 된다! 〉 수식 삽입하기

간단한 사칙연산은 텍스트로 작성해도 큰 문제가 없지만, 수학 시험 문제나 본격적인 계산식을 나타내려면 수식 전용 편집 기능이 필요합니다. 분수, 괄호 등을 표시하기에도 좋고, 수식에 적합한 글꼴도 적용됩니다. 04-3_실습2.docx 파일을 실행합니다.

함께 보면 좋은
동영상 강의

1. [삽입] 탭 → [기호] 그룹 → [수식]을 선택합니다.

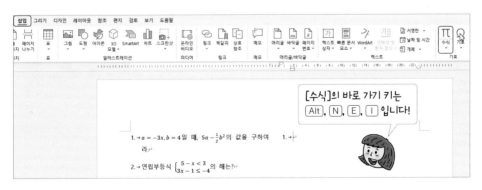

[수식]의 바로 가기 키는
Alt, N, E, I 입니다!

원드 기본

본문 꾸미기

표와 차트

개체 활용

문서 디자인

인쇄 및 배포

공동 작업 기능

2. ❶ 1. 오른쪽에 a=-3x, b=4를 입력하고 키보드에서 →을 두 번 눌러 수식 편집기에서 빠져나옵니다.

❷ 수식이 아닌 일반 텍스트는 그대로 입력하고 ❸ 다시 수식 편집기를 실행합니다.

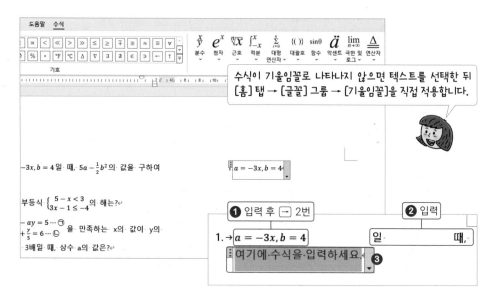

3. ❶ 5a-를 입력하고 ❷ [수식] 탭 → [구조] 그룹 → [분수] → [상하형 분수]를 선택합니다.

❸ 위쪽 사각형을 선택해서 음영이 표시되면 1을 입력하고, 아래쪽 사각형을 선택해서 음영이 표시되면 2를 입력합니다. 그런 다음 →를 두 번 눌러 아래쪽 사각형에서 빠져나옵니다.

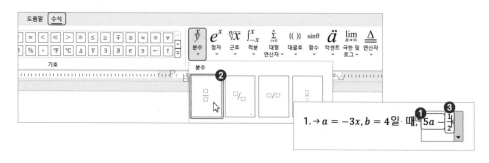

4. ❶ 이번에는 [수식] 탭 → [구조] 그룹 → [첨자] → [위 첨자]를 선택합니다.

❷ 왼쪽 상자에 b를 입력하고 오른쪽 상자에 2를 입력한 뒤 →를 두 번 눌러 수식에서 빠져나옵니다. 나머지 텍스트를 입력합니다.

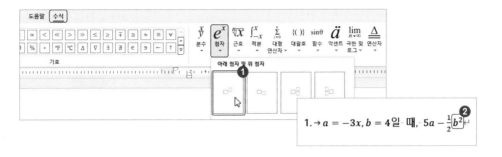

5. ❶ 다음 줄에 연립부등식을 입력한 뒤 Alt, N, E, I를 차례로 눌러 수식 편집기를 실행합니다.

❷ [수식] 탭 → [구조] 그룹 → [대괄호] → [경우의 수 및 스택: 경우의 수(조건 2개)]를 선택합니다.

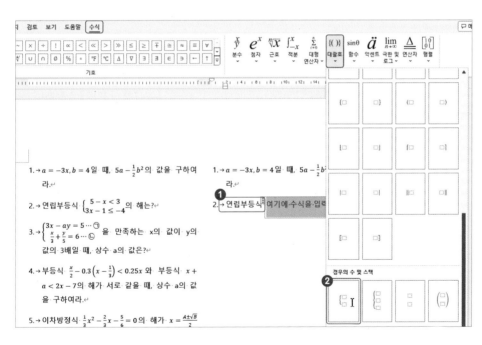

6. ❶ 위쪽 상자에 5-x<3을 입력하고 ❷ 아래쪽 상자에 3x-1을 입력합니다.

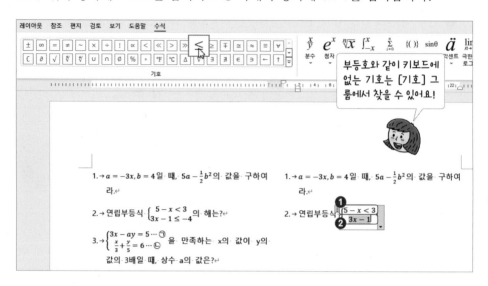

7. 3번 문제의 … 기호를 [수식] 탭 → [기호] 그룹 → [수식 기호]를 누르면 나타나는 항목에서 선택합니다.

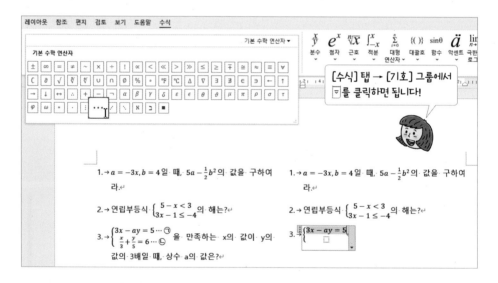

8. ❶ 원 문자 ㉠은 [수식]에 없으므로 [삽입] 탭 → [기호] 그룹 → [기호] → [다른 기호]를 선택합니다. ❷ [기호] 대화상자에서 [하위 집합]을 한중일 괄호 문자로 설정하여 ❸ 원 문자 ㉠을 선택하고 ❹ [삽입]을 누릅니다.

워드 기본

본문 꾸미기

표와 차트

개체 활용

문서 디테일

인쇄 및 배포

공동 작업 기능

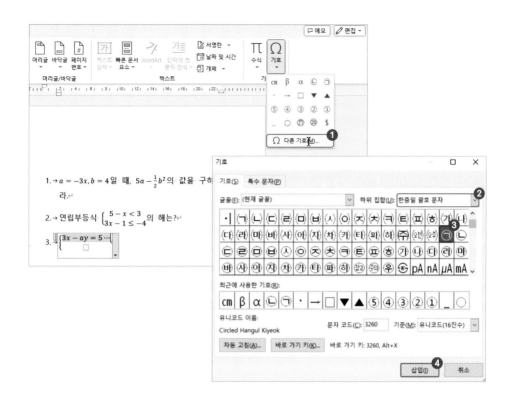

9. 원 문자 ㉠은 기울임꼴로 나타나지 않도록 범위를 선택해서 [홈] 탭 → [글꼴] 그룹 → [기울임꼴]을 클릭해 해제하거나 Ctrl + I 를 누릅니다.

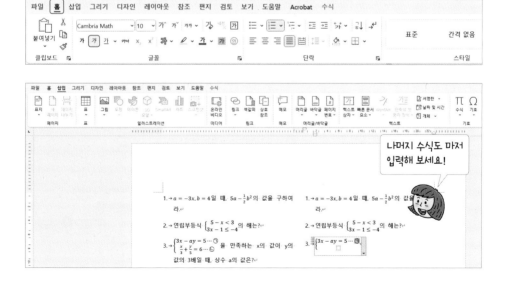

04-4
자주 쓰는 요소는 등록해 사용하자!

• 실습 파일 04-4_실습.docx

'빠른 문서 요소'는 자주 사용할 만한 요소를 저장해 두고 필요할 때 불러와 사용하는 기능으로, 한글의 상용구 기능과 비슷합니다. 사용자가 직접 만들지 않아도 이미 많은 요소가 준비되어 있지만, 여기에선 직접 [빠른 문서 요소]를 등록하고 등록한 [빠른 문서 요소]를 사용해 보겠습니다.

하면 된다! } 빠른 문서 요소 등록하기

제목용으로 사용할 개체를 2개 만들어 두었습니다. 첫 번째는 도형을 이용해서 만들었고, 두 번째는 표를 이용해서 만들었습니다. 도형과 표로 만든 각 요소를 [빠른 문서 요소]로 등록해 보겠습니다.

함께 보면 좋은
동영상 강의

1. ❶ 첫 번째 도형을 선택하고 ❷ [삽입] 탭 → [텍스트] 그룹 → [빠른 문서 요소] → [선택 영역을 빠른 문서 요소 갤러리에 저장]을 선택합니다.
   ❸ [새 문서 블록 만들기] 대화상자가 나타나면 [이름]에 제목상자-도형을 입력하고 ❹ [확인]을 누릅니다.

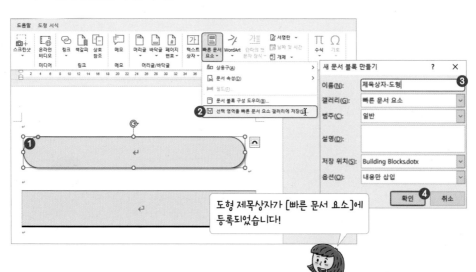

도형 제목상자가 [빠른 문서 요소]에 등록되었습니다!

2. 두 번째 표도 같은 방법으로 등록합니다.

❶ 두 번째 표를 선택하고 ❷ [삽입] 탭 → [텍스트] 그룹 → [빠른 문서 요소] → [선택 영역을 빠른 문서 요소 갤러리에 저장]을 선택합니다.

❸ 대화상자가 나타나면 [이름]에 제목상자-표를 입력하고 ❹ [확인]을 누릅니다.

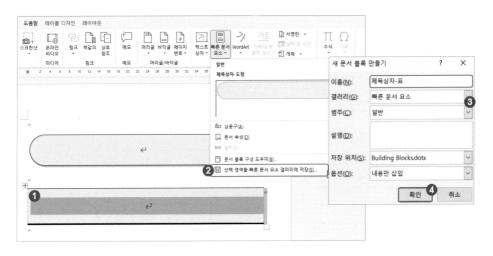

하면 된다! ⟩ 빠른 문서 요소 사용하기

앞서 [빠른 문서 요소]로 등록한 제목상자를 필요한 위치에 바로 추가해 보겠습니다.

함께 보면 좋은
동영상 강의

1. ❶ [삽입] 탭 → [텍스트] 그룹 → [빠른 문서 요소]를 클릭하면 방금 등록한 항목이 커서 위치에 추가됩니다.

❷ 첫 번째 [제목상자-도형]을 선택합니다.

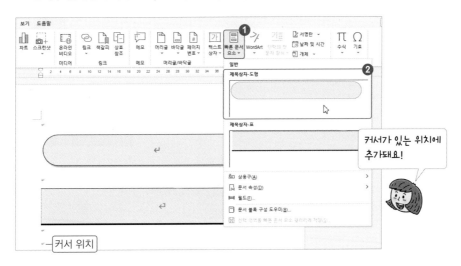

커서가 있는 위치에 추가돼요!

워드 기본

본문 꾸미기

표와 차트

개체 활용

문서 디테일

인쇄 및 배포

공동 작업 기능

2. [빠른 문서 요소]에 여러 항목을 등록하면 처음에 만들어 둔 항목을 찾기 힘들어 집니다. 따라서 [빠른 문서 요소]로 등록할 때는 [갤러리]와 [범주] 중에서 하나를 지정해서 분류하면 편리합니다. [삽입] 탭 → [텍스트] 그룹 → [빠른 문서 요소] → [문서 블록 구성 도우미]를 선택합니다.

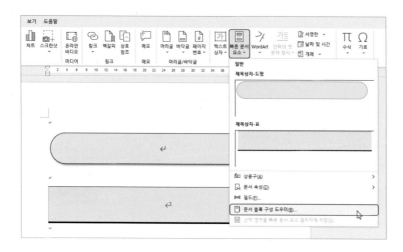

3. '갤러리' 기준 오름차순으로 정렬되어 있습니다.

❶ 스크롤을 아래로 내려 [빠른 문서 요소] 갤러리를 찾은 후 [제목상자-도형]을 선택하고 ❷ [속성 편집]을 누릅니다.

'갤러리'는 항목이 정해져 있어 임의로 생성할 수 없습니다. 필요하다면 '사용자 지정'으로 시작하는 항목을 이용해야 합니다. ❸ [새 범주 만들기]를 선택합니다.

4. ❶ [새 범주 만들기] 대화상자에서 [이름]에 제목상자를 입력하고 ❷ [확인]을 누릅니다.

❸ 이어서 [문서 블록 수정] 대화상자에서 [범주]를 제목상자로 선택하고 ❹ [확인]을 누릅니다.

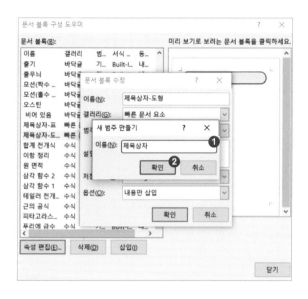

5. ❶ '문서 블록 항목을 다시 정의하시겠습니까?'라는 물음에 [예]를 누르고 ❷ [문서 블록 수정] 대화상자와 ❸ [문서 블록 구성 도우미] 대화상자를 차례로 닫습니다.

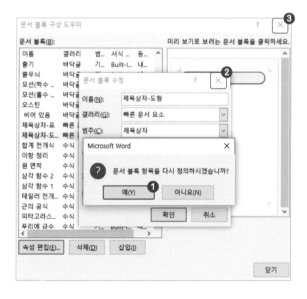

워드 기본

본문 꾸미기

표와 차트

개체 활용

문서 디테일

인쇄 및 배포

공문 작업 기능

6. [빠른 문서 요소]를 클릭해 보면 '일반' 범주와 '제목상자' 범주가 나뉘어 있습니다.

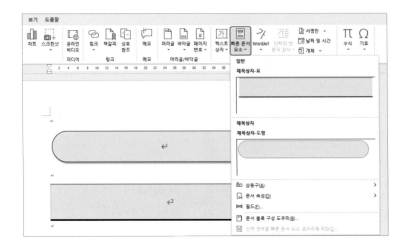

7. 파일을 닫으면 경고 창이 표시됩니다. [저장]을 선택해야 새로 만든 [빠른 문서 요소]가 저장되어 다른 문서에서도 다시 사용할 수 있습니다.

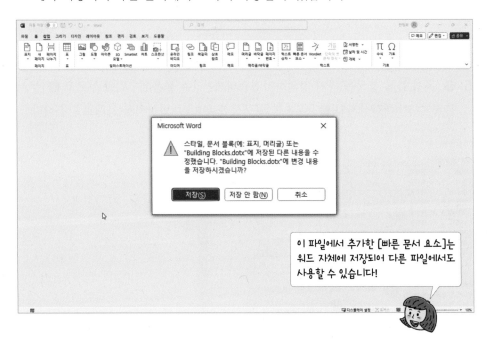

이 파일에서 추가한 [빠른 문서 요소]는 워드 자체에 저장되어 다른 파일에서도 사용할 수 있습니다!

내용에 어울리는 그림 삽입하기

보고서 내용에 어울리는 그림을 '3.1 재생 가능 에너지 활용' 부근에 삽입해 보세요.

• 실습 파일 재생에너지.jpg   • 완성 파일 보고서 미션_04.docx

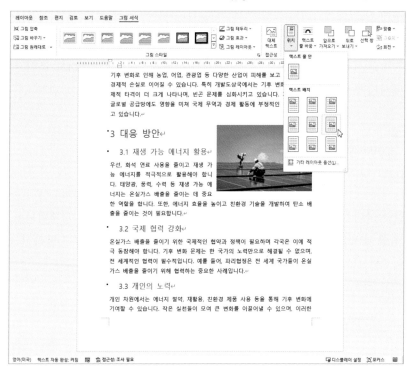

 힌트!

• 실습 파일 '재생에너지.jpg'를 문서의 오른쪽 가운데에 배치해 보세요. 원하는 이미지가 있다면 그 파일을 삽입해도 좋습니다. 163쪽 참고

나만의 부조종사,
코파일럿에게 문서 작성을 요청할래요!

마이크로소프트는 '코파일럿'이라는 생성형 AI 서비스를 제공합니다. 단, 워드에서 코파일럿을 사용하려면 '마이크로소프트 365 코파일럿' 요금제를 구독해야 한다는 조건이 있습니다.

코파일럿 전용 요금제를 구독한 후 워드에서 새 문서를 열면 왼쪽 여백에 코파일럿 아이콘이 표시되며, '아이콘을 선택하거나 Alt + i를 눌러 Copilot로 초안 작성'이라는 메시지가 나타납니다.

코파일럿 아이콘을 클릭하거나 [Alt] + [I]를 누르면 코파일럿이 실행됩니다. 문서에 작성할 내용의 주제를 작성하고 해당 내용으로 보고서를 작성해 달라고 요청해 보세요. [생성]을 누르면 코파일럿이 초안을 만들기 시작합니다.

'초안을 만드는 중'이라는 메시지가 사라지면 작성된 개요가 나타납니다. 코파일럿이 작성한 초안에 대해 문체나 내용 구성을 변경하거나, 추가 요소를 요청할 수도 있습니다.

이번에는 코파일럿에게 '분석에 적합한 차트 종류'를 추천해 달라고 요청해 보겠습니다.

소제목에 적합한 내용도 직접 써달라고 요청해 보겠습니다.

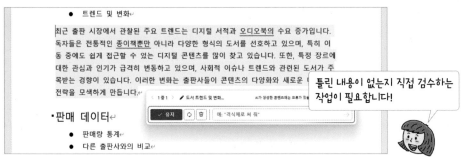

이처럼 코파일럿의 도움을 받으면 문서 구조를 빠르게 작성할 수 있습니다. 하지만 코파일럿은 말 그대로 보조 역할을 하는 비서일 뿐, 전적으로 의존해서는 안 된다는 점을 반드시 명심하세요!

05

보고서를 완성하는 문서 디테일

보고서는 읽는 사람을 배려해서 작성해야 합니다. 전체 분량은 얼마나 되는지 페이지 번호로 안내하거나, 보고서에 들어간 단어의 뜻은 무엇인지 주석을 추가해도 좋습니다. 또, 표와 그림이 무엇을 의미하는지 캡션으로 간단하게 표기하는 것만으로도 읽는 사람의 이해도를 높일 수 있습니다.

05-1 **머리글과 바닥글, 페이지 번호 삽입하기**

05-2 **각주와 미주로 설명 보강하기**

05-3 **다단 설정으로 잡지처럼 단 나누기**

05-4 **표와 그림에 캡션 삽입하기**

이 장의 목표

☑ 머리글과 바닥글에 보고서의 정보를 넣을 수 있다.

☑ 주석과 캡션을 달아 보고서 요소가 의미하는 바를 기재할 수 있다.

☑ 단을 설정해서 보고서의 가독성을 높일 수 있다.

05-1
머리글과 바닥글, 페이지 번호 삽입하기

• 실습 파일 05-1_실습.docx   • 완성 파일 05-1_완성.docx

머리글과 바닥글은 문서 제일 위쪽이나 제일 아래쪽에 제목, 페이지 번호 등 반복해서 나타낼 내용을 배치하는 곳입니다. 문서 전체 페이지에 똑같은 내용을 나타낼 수도 있고, 구역을 나누어 각 구역별로 나타낼 내용을 다르게 하거나 짝수 페이지와 홀수 페이지로 나누어 다른 내용이 나타나도록 설정할 수도 있습니다.

하면 된다! 〉 머리글과 페이지 번호 삽입하기

문서 전체에 머리글을 넣고 페이지 번호를 삽입해 보겠습니다.

함께 보면 좋은
동영상 강의

1. 먼저 머리글을 삽입하겠습니다.

❶ 1페이지에 커서를 두고 ❷ [삽입] 탭 → [머리글/바닥글] 그룹 → [머리글] → [머리글 편집]을 선택합니다.

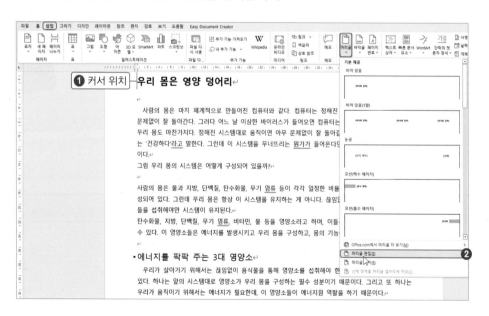

2. ❶ 생물 1-2. 영양소와 소화를 입력합니다.

❷ [홈] 탭 → [단락] 그룹 → [오른쪽 맞춤]을 선택합니다.

> 이 페이지가 목차에서 어떤 부분인지 바로 알 수 있네요!

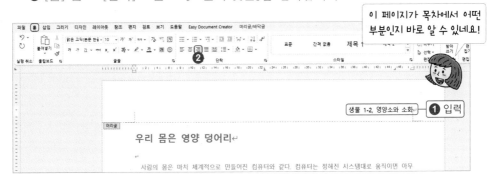

3. 이번에는 페이지 번호를 삽입해 보겠습니다. [머리글/바닥글] 탭 → [머리글/바닥글] 그룹 → [페이지 번호] → [아래쪽] → [일반 번호 2]를 선택합니다.

4. [머리글/바닥글 닫기]를 선택해 머리글/바닥글 편집 상태에서 나옵니다.

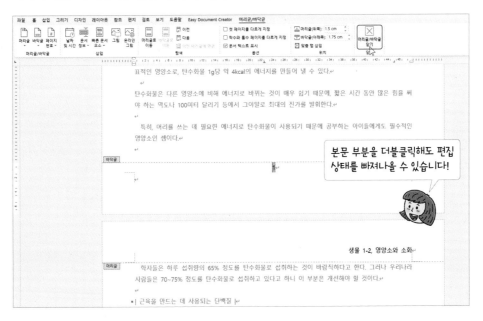

> 본문 부분을 더블클릭해도 편집 상태를 빠져나올 수 있습니다!

워드 기본

본문 꾸미기

표와 차트

개체 활용

문서 디테일

인쇄 및 배포

공동 작업 기능

5. [보기] 탭 → [확대/축소] 그룹 → [한 페이지]를 선택해 삽입한 머리글과 페이지 번호를 확인합니다.

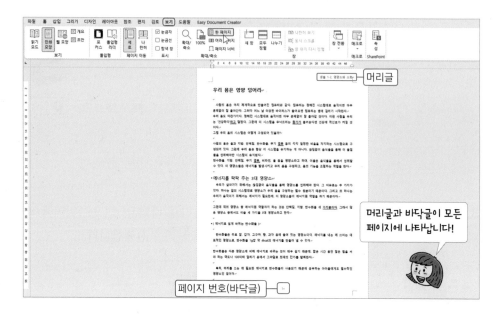

하면 된다! ⫸ 구역 나누고 다른 머리글 삽입하기

이번에는 머리글/바닥글 내용을 구역별로 다르게 설정해 보겠습니다. [보기] 탭 → [확대/축소] 그룹 → [확대/축소]를 선택해 화면을 120%로 확대한 후 작업합니다.

함께 보면 좋은
동영상 강의

1. ❶ 3페이지 비타민의 종류와 결핍증 단락 앞에 커서를 둡니다.

❷ [레이아웃] 탭 → [페이지 설정] 그룹 → [나누기] → [구역 나누기: 다음 페이지부터]를 선택합니다.

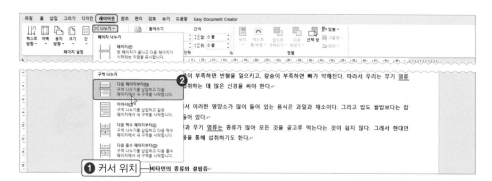

2. [삽입] 탭 → [머리글/바닥글] 그룹 → [머리글] → [머리글 편집]을 선택합니다.

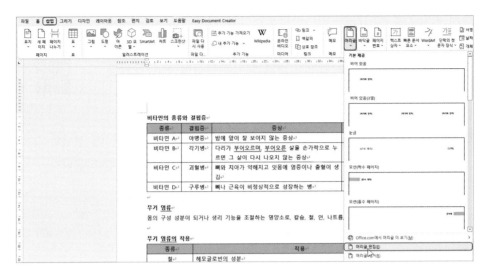

3. [머리글/바닥글] 탭 → [탐색] 그룹 → [이전 머리글에 연결]을 선택해서 선택된 상태를 해제합니다.

4. ❶ 앞서 입력한 머리글을 지우고 비타민의 종류와 결핍증을 입력합니다.

❷ [머리글/바닥글 닫기]를 선택해 머리글/바닥글 편집 상태에서 나와 변경 내용을 확인합니다. 머리글이 바뀌었습니다.

워드 기본

본문 꾸미기

표와 차트

개체 활용

문서 디테일

인쇄 및 배포

공동 작업 기능

하면 된다! ⟩ 현재 페이지 번호와 전체 페이지 번호 같이 표시하기

문서 바닥글에 들어가는 페이지 번호에 전체 페이지 번호를 함께
표시하면 문서 분량 대비 얼마나 읽었는지 단번에 알아볼 수 있습
니다. 바닥글에 표시되는 페이지 번호 형식을 수정해 현재 페이지
번호와 전체 페이지 번호가 같이 표시되도록 설정해 보겠습니다.

함께 보면 좋은
동영상 강의

1. ❶ [삽입] 탭 → [머리글/바닥글] 그룹 → [바닥글] → [바닥글 편집]을 선택합니다.

❷ 현재 페이지 번호 뒤에 한 칸 띄우고 /를 입력한 후 다시 한 칸 띄웁니다.

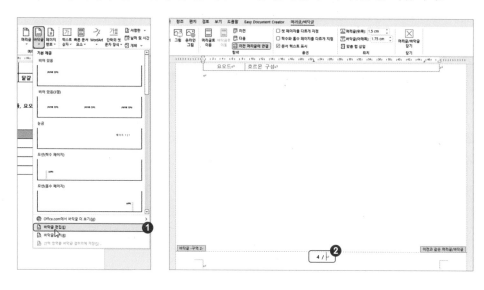

2. [머리글/바닥글] 탭 → [삽입] 그룹 → [문서 정보] → [필드]를 선택합니다.

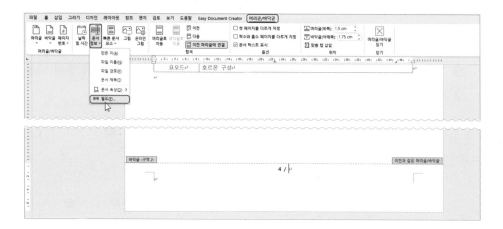

3. [필드] 대화상자에서 ❶ [필드 이름]은 NumPages, ❷ [형식]은 1, 2, 3, ...을 선택하고 ❸ [확인]을 누릅니다.

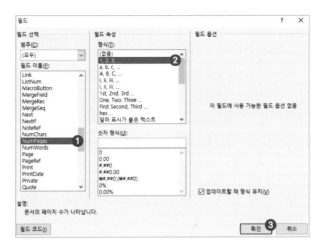

4. [머리글/바닥글 닫기]를 눌러 머리글/바닥글 편집 상태에서 나와 변경 내용을 확인합니다. / 뒤에 전체 페이지가 삽입되었습니다.

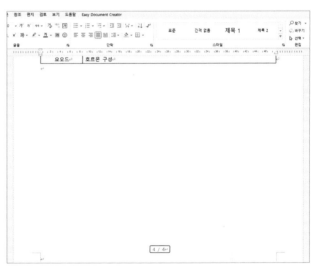

워드 기본

본문 꾸미기

표와 차트

개체 활용

문서 디테일

인쇄 및 배포

공유 작업 기능

각주와 미주로 설명 보강하기

• 실습 파일 05-2_실습.docx   • 완성 파일 05-2_완성.docx

문서를 작성할 때 본문 내용과 직접 관련은 없지만 추가로 설명이 필요한 경우 주석으로 나타냅니다. 주석에는 해당 페이지 아래에 나타내는 '각주'와 문서 마지막에 나타내는 '미주'가 있습니다.

주석이 달린 페이지에 위치하는 각주   문서 맨 끝에 위치하는 미주

하면 된다! 〉 각주 삽입하기

단어에 주석을 달 때는 단어 뒤에 커서를 두고 주석 기능을 실행하고, 문장에 주석을 달 때는 문장 마침표 뒤에 커서를 두고 주석 기능을 실행합니다. '영양소'라는 단어를 보충 설명하기 위해 각주를 삽입해 보겠습니다.

함께 보면 좋은
동영상 강의

1. ❶ 네 번째 단락의 영양소 글자 뒤에 커서를 둡니다.

　❷ [참조] 탭 → [각주] 그룹 → [각주 삽입]을 선택합니다.

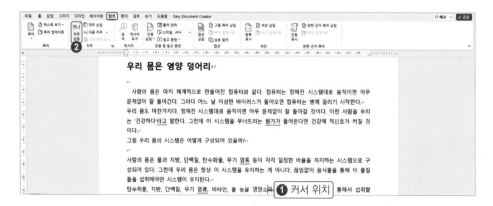

2. 영양소 글자 뒤에 각주 번호가 표시되고, 페이지 아래에 각주 영역이 만들어집니다. 첫 번째 각주 내용으로 생명활동과 성장을 위해 생물체 외부에서 받아들여야 하는 화합물, 주영양소는 탄수화물, 단백질, 지방이 대표적이고, 부영양소는 비타민, 무기질, 물이다.를 입력합니다.

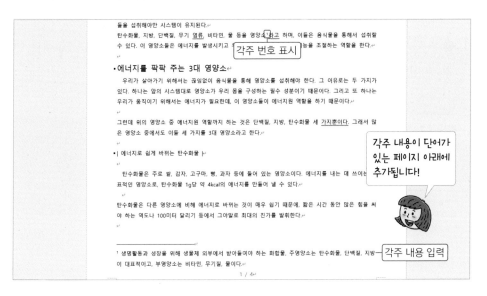

3. 같은 방법으로 kcal 뒤에 커서를 두고 [각주 삽입]을 선택한 후 각주 내용으로 칼로리, 에너지의 단위로 물질의 온도를 높이는 데 소용되는 열의 양을 입력합니다. 각주 2번이 완성되었습니다.

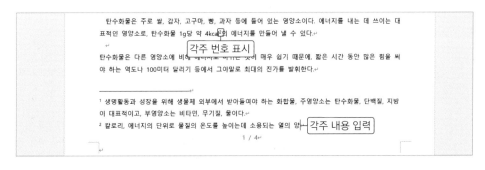

워드 기본

본문 꾸미기

표와 차트

개체 활용

문서 디테일

인쇄 및 배포

자동 작업 기능

하면 된다! } 각주를 미주로 바꾸기

각주와 미주는 표시되는 위치만 다를 뿐 같은 역할을 하며, 언제든지 각주를 미주로 바꾸거나 미주를 각주로 바꿀 수 있습니다. 바꾸는 방법에는 각각의 각주와 미주를 하나씩 바꾸는 방법과, 모든 각주와 미주를 한꺼번에 바꾸는 방법이 있습니다.

1. ❶ 바꾸려는 각주 내용에 커서를 두고 ❷ 마우스 오른쪽 버튼을 눌러 [미주로 변환]을 선택합니다.

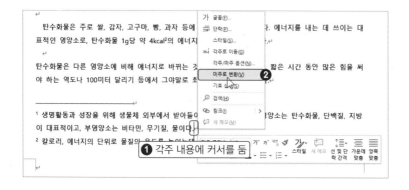

2. 이번에는 실습 파일에 있는 두 개의 각주를 한번에 미주로 변환해 보겠습니다. [참조] 탭 → [각주] 그룹 → 📵를 클릭해 [각주 및 미주] 대화상자를 불러옵니다.

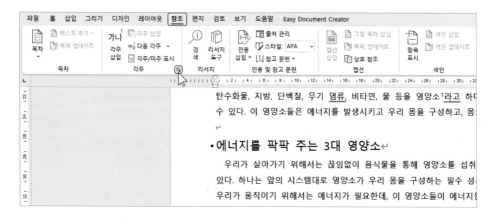

3. ❶ [각주 및 미주] 대화상자에서 [변환]을 클릭합니다.

　❷ [각주/미주 변환] 대화상자가 나타나면 [모든 각주를 미주로 변환]을 선택하고 **❸** [확인]을 누릅니다.

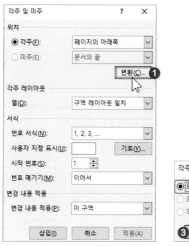

4. 모든 각주가 문서 끝에 미주로 옮겨 간 것을 확인할 수 있습니다.

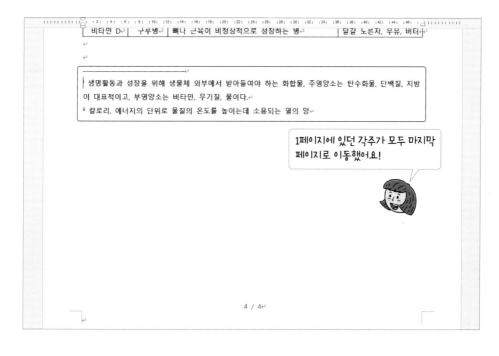

워드 기본

본문 꾸미기

표와 차트

개체 활용

문서 디테일

인쇄 및 배포

공동 작업 기능

05-3
다단 설정으로 잡지처럼 단 나누기

· 실습 파일 05-3_실습.docx · 완성 파일 05-3_완성.docx

다단 기능을 사용하면 길게 늘어진 줄글을 여러 개의 단으로 나눌 수 있습니다. 다단을 사용하면 문서가 정돈되어 보이는 효과가 있고, 보다 많은 내용을 한 페이지에 담을 수 있습니다. 다단은 신문, 논문, 잡지 등에서 많이 사용됩니다.

하면 된다! } 제목과 본문을 2단으로 정렬하기

첫 번째 페이지를 두 단으로 나누어 왼쪽에는 제목, 오른쪽에는 본문을 나타내도록 설정해 보겠습니다.

1. ❶ 문서 시작 위치에 커서를 두고 ❷ [레이아웃] 탭 → [페이지 설정] 그룹 → [단] → [왼쪽]을 선택합니다.

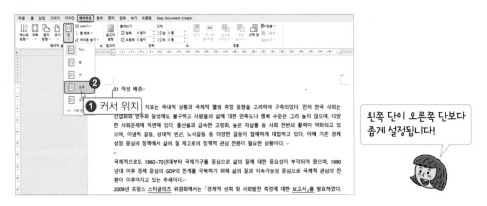

왼쪽 단이 오른쪽 단보다 좁게 설정됩니다!

2. ❶ 아래 단락 시작 위치에 커서를 두고 ❷ [레이아웃] 탭 → [페이지 설정] 그룹 → [나누기] → [페이지 나누기: 단]을 선택합니다.

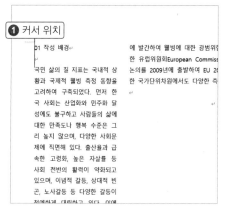

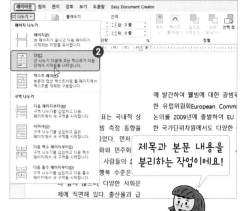

3. ❶ [단] → [기타 단]을 선택합니다.

❷ [단] 대화상자에서 1단의 [너비]를 12글자로 수정합니다.

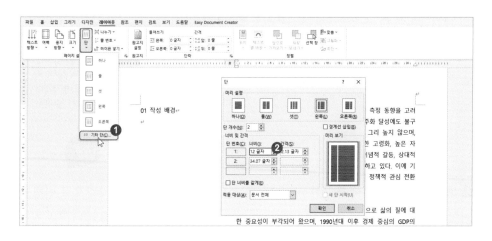

4. ❶ 왼쪽 단 제목을 선택하고 **❷** [홈] 탭 → [스타일] 그룹 → 제목 스타일을 선택
해 적용합니다.

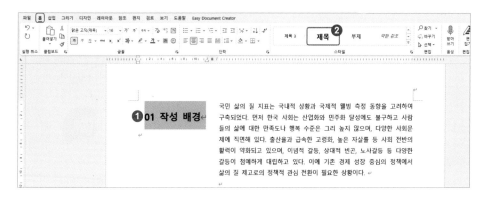

워드 기본

본문 꾸미기

표와 차트

개체 활용

문서 디테일

인쇄 및 배포

공동 작업 기능

하면 된다! } 한 페이지 안에 단 개수가 다른 문서 작성하기

한 페이지에서 앞부분은 1단이고 뒷부분은 2단인 문서를 작성해
보겠습니다.

함께 보면 좋은
동영상 강의

1. ❶ 2페이지 첫 시작 위치에 커서를 두고 ❷ [레이아웃] 탭 → [페
이지 설정] 그룹 → [나누기] → [구역 나누기: 다음 페이지부터]
를 선택합니다.

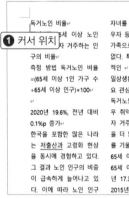

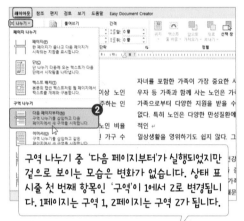

구역 나누기 중 '다음 페이지부터'가 실행되었지만
겉으로 보이는 모습은 변화가 없습니다. 상태 표
시줄 첫 번째 항목인 '구역'이 1에서 2로 변경됩니
다. 1페이지는 구역 1, 2페이지는 구역 2가 됩니다.

2. 커서가 놓인 위치에서 [단] → [하나]를 선택하면 현재 페이지가 1단으로 변경됩
니다.

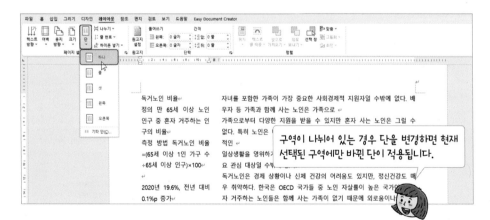

구역이 나뉘어 있는 경우 단을 변경하면 현재
선택된 구역에만 바뀐 단이 적용됩니다.

3. ❶ 2020년 19.6%로 시작하는 단락 앞에 커서를 두고 ❷ [나누기] → [구역 나누기: 이어서]를 선택합니다.

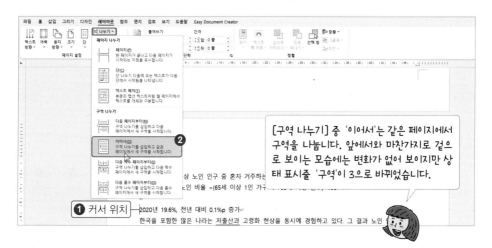

> [구역 나누기] 중 '이어서'는 같은 페이지에서 구역을 나눕니다. 앞에서와 마찬가지로 겉으로 보이는 모습에는 변화가 없어 보이지만 상태 표시줄 '구역'이 3으로 바뀌었습니다.

4. 현재 커서가 놓인 위치에서 [단] → [둘]을 선택합니다. 2페이지 앞부분은 1단이고 뒷부분은 2단이 되었습니다.

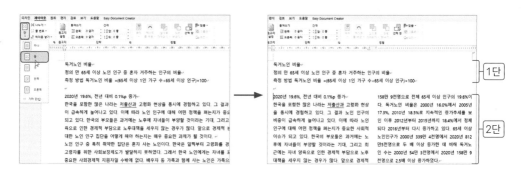

하면 된다! ⟩ 문서 전체를 다시 1단으로 편집하기

단이 구역마다 다르게 설정된 문서 전체를 하나의 단으로 설정해 보겠습니다.

> 함께 보면 좋은
> 동영상 강의
>

1. 커서 위치에 상관없이 [레이아웃] 탭 → [페이지 설정] 그룹 → [단] → [기타 단]을 선택합니다.

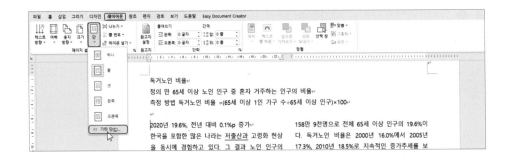

2. [단] 대화상자에서 ❶ [미리 설정]은 하나를 선택하고 ❷ [적용 대상]은 문서 전체를 선택합니다. ❸ [확인]을 클릭합니다.

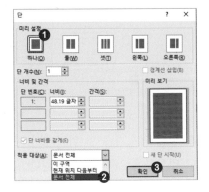

3. 문서 전체가 1단으로 바뀌었습니다. 그런데 1페이지에는 제목만 나타나고, 2페이지에 내용이 있습니다. 그리고 여전히 구역은 3개인 상태입니다. 1페이지와 2페이지가 나뉘어 있는 것을 취소하고 구역을 하나로 합치겠습니다.

[홈] 탭 → [단락] 그룹 → [편집 기호 표시/숨기기 ⫟]를 선택하거나 Ctrl + Shift + 8 을 눌러서 단/구역 표시를 나타냅니다.

> 편집 기호를 표시하면 '단 나누기'가 된 곳과 '구역 나누기'가 된 곳이 표시됩니다.

4. ❶ 1페이지 '단 나누기'가 된 줄 앞에 커서를 두고 Delete 를 눌러 지웁니다.

❷ 같은 방법으로 '구역 나누기' 표시가 있는 위치에 커서를 두고 Delete 를 눌러 나누어진 구역을 합칩니다.

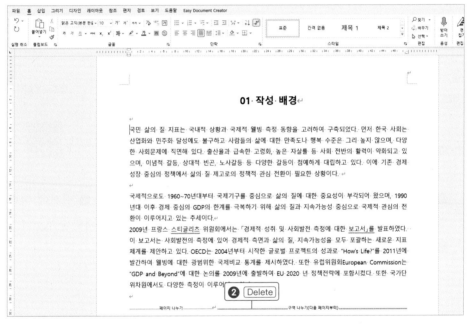

05-4
표와 그림에 캡션 삽입하기

• 실습 파일 05-4_실습.docx, 민들레.png   • 완성 파일 05-4_완성.docx

캡션은 개체가 무엇을 의미하는지 설명해 주는 역할을 합니다. 03~04장에서 삽입한 표, 그림, 도형, 차트 등에 캡션을 달아주면 보고서를 읽는 사람이 해당 개체의 의미를 파악하려고 노력하지 않아도 직관적으로 이해할 수 있습니다.

워드의 캡션은 한글의 캡션과 달리 개체에 포함된 텍스트가 아니라 별도의 단락으로 취급합니다. 다만 개체와 같은 페이지에 있도록 단락 옵션이 설정되어 있습니다.

하면 된다! } 표에 캡션 삽입하기

표가 어떤 내용을 담고 있는지 부가 설명을 위해 캡션을 삽입해 보겠습니다.

함께 보면 좋은
동영상 강의

1. ❶ 첫 번째 표를 선택하고 ❷ 마우스 오른쪽 버튼을 눌러 [캡션 삽입]을 선택합니다.

❸ [캡션] 대화상자에서 [위치]를 선택한 항목 아래로 선택하고 ❹ 캡션에 이미 입력된 '표 1' 뒤에 한 칸 띄운 다음 연간 소비자물가지수라고 입력합니다.

❺ [확인]을 눌러 캡션 삽입을 마무리합니다.

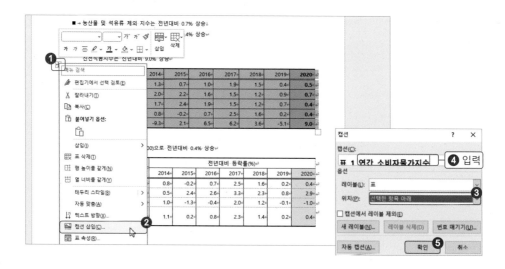

2. 첫 번째 표에 캡션이 삽입되었습니다.

	2014	2015	2016	2017	2018	2019	2020
소비자물가지수	1.3	0.7	1.0	1.9	1.5	0.4	0.5
농산물 및 석유류 제외 지수	2.0	2.2	1.6	1.5	1.2	0.9	0.7
식료품 및 에너지 제외 지수	1.7	2.4	1.9	1.5	1.2	0.7	0.4
생활물가지수	0.8	-0.2	0.7	2.5	1.6	0.2	0.4
신선식품지수	-9.3	2.1	6.5	6.2	3.6	-5.1	9.0

표·1·연간·소비자물가지수

3. ❶ 두 번째 표를 선택하고 ❷ [참조] 탭 → [캡션] 그룹 → [캡션 삽입]을 선택합니다.
❸ [위치]를 [선택한 항목 위]로 선택하고 ❹ 캡션에 이미 입력된 '표 2' 뒤에 한 칸 띄운 다음 연간 생활물가수라고 입력합니다.
❺ [확인]을 눌러 캡션 삽입을 마무리합니다.

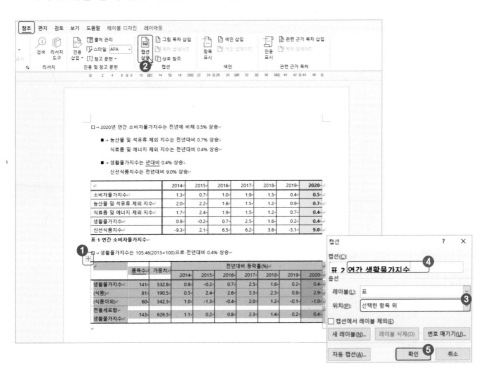

4. 두 번째 표에도 캡션이 삽입되었습니다.

■ 표·2·연간·생활물가지수

	품목수	가중치	전년대비 등락률(%)						
			2014	2015	2016	2017	2018	2019	2020
생활물가지수	141	532.8	0.8	-0.2	0.7	2.5	1.6	0.2	0.4
(식품)	81	190.5	0.5	2.4	2.6	3.3	2.3	0.8	2.9
(식품이외)	60	342.3	1.0	-1.3	-0.4	2.0	1.2	-0.1	-1.0
전월세포함 생활물가지수	143	626.5	1.1	0.2	0.8	2.3	1.4	0.2	0.4

하면 된다! ⟩ 캡션 삭제하기

캡션 내용을 수정하려면 보통의 텍스트를 수정하듯 불필요한 부분을 지우고 새로운 내용을 입력해야 합니다. 첫 번째 표에 연결된 캡션을 삭제해 보겠습니다.

함께 보면 좋은
동영상 강의

1. 캡션 단락을 블록 지정하고 Delete 를 눌러 지웁니다.

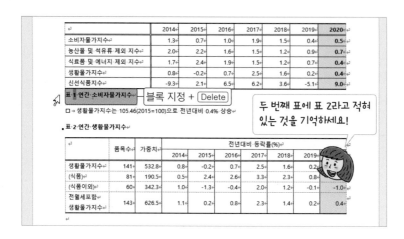

2. 캡션 번호는 문서 처음부터 같은 레이블을 인식해서 순서대로 번호를 붙입니다. 캡션 번호를 바꾼 경우에는 꼭 [필드 업데이트]를 클릭하거나 F9 를 눌러 변경 내용을 업데이트해야 합니다.

❶ Ctrl + A 를 눌러 문서 전체를 선택하고 ❷ 마우스 오른쪽 버튼을 눌러 [필드 업데이트]를 선택합니다.

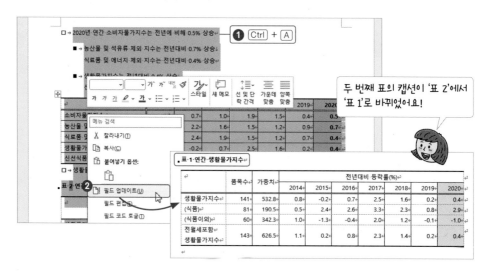

하면 된다! ＞ 그림과 함께 움직이는 캡션 설정하기

문서에 그림을 삽입하고 캡션을 추가하려고 합니다. 그림을 이동하면 캡션도 함께 이동하도록 설정해 보겠습니다.

함께 보면 좋은
동영상 강의

1. ❶ [삽입] 탭 → [일러스트레이션] 그룹 → [그림] → [이 디바이스]를 선택해서 그림을 추가합니다.

❷ 그림에 캡션을 삽입하기 위해서 그림의 [레이아웃 옵션]에서 [텍스트 줄 안]이 아닌 [텍스트 배치] 중 하나를 선택합니다. 여기서는 [정사각형]을 선택했습니다.

2. ❶ 그림이 선택된 상태에서 [참조] 탭 → [캡션] 그룹 → [캡션 삽입]을 선택합니다.

❷ [캡션] 대화상자의 [캡션]에서 '그림 1' 뒤에 한 칸을 띄운 다음 민들레를 입력하고 ❸ [확인]을 누릅니다.

워드 기본

본문 꾸미기

표와 차트

개체 활용

문서 디테일

인쇄 및 배포

공동 작업 기능

3. ❶ 캡션 텍스트 상자가 선택된 상태에서 Shift를 누르고 바로 위 그림을 클릭해서 두 개체를 한꺼번에 선택합니다.

❷ [도형 서식] 탭 → [정렬] 그룹 → [그룹화] → [그룹]을 선택합니다.

 질문 있어요! **캡션과 그림 사이의 간격을 조금 좁히고 싶어요!**

캡션은 그림 아래나 위에 입력한 '단락'입니다. 단지 단락 옵션 중 '현재 단락과 다음 단락을 항상 같은 페이지에 배치'가 선택되어 같은 페이지에 항상 나타나도록 설정된 것뿐이죠. 따라서 [단락 간격]이나 [줄 간격]을 수정해서 캡션과 그림 사이의 간격을 조절할 수 있습니다.

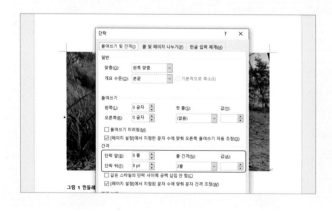

페이지 번호와 캡션 삽입해 보기

온실가스 배출량을 나타낸 표 아래에 캡션을 넣어 보세요. 그리고 보고서 하단에서 현재 페이지와 전체 페이지를 함께 볼 수 있는 페이지 번호를 삽입하세요.

> • **캡션:** 주요 온실가스 배출 국가 및 그 배출량

• 완성 파일 보고서 미션_05.docx

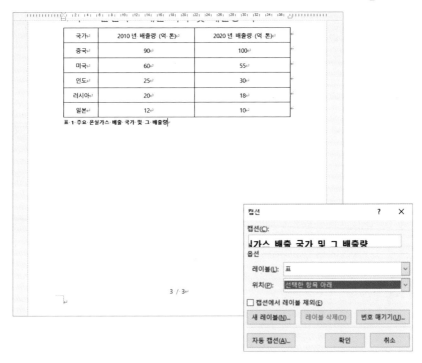

 힌트!

- 캡션은 개체를 선택한 후 마우스 오른쪽 버튼을 눌러 [캡션 삽입]을 클릭하면 삽입할 수 있습니다. 218쪽 참고
- 페이지 번호는 [삽입] 탭 → [머리글/바닥글] 그룹 → [페이지 번호]를 누르면 바로 삽입할 수 있습니다. 202쪽 참고

애매하게 페이지를 넘긴 문서를
줄여서 정리하고 싶어요!

'페이지 수 줄이기'는 문서를 작성하다 페이지를 조금 넘겼을 때 자동으로 텍스트 크기와 간격을 조절해서 페이지를 줄이는 기능입니다. 특히 1페이지로 만들어야 하는 문서에서 분량이 2~3줄 초과된 경우 사용하면 유용합니다.

1. 일반 명령어가 아니어서 인터페이스에 바로 나타나지 않으므로, ❶ 제목 표시줄의 [검색]에 줄이기를 입력한 뒤 ❷ 작업 목록 중 '페이지 수 줄이기'에서 마우스 오른쪽 버튼을 눌러 [빠른 실행 도구 모음에 추가]를 선택합니다.

2. 만약 [검색]이 나타나지 않는 버전을 사용한다면 ❶ 빠른 실행 도구 모음 끝의 [빠른 실행 도구 모음 사용자 지정 ▽]을 눌러 ❷ [기타 명령]을 선택하세요.

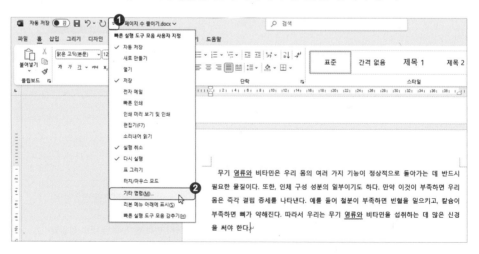

❸ [명령 선택]에서 모든 명령을 선택하고 ❹ 아래 명령 목록에서 페이지 수 줄이기를 선택한 뒤 ❺ [추가]를 누르고 ❻ [확인]을 누릅니다.

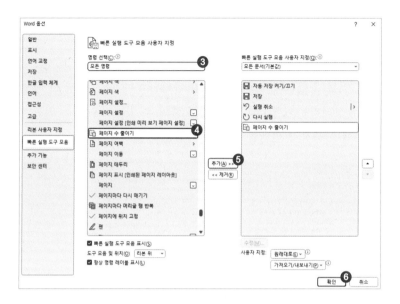

3. [페이지 수 줄이기] 기능은 범위를 선택하는 등의 사전 작업을 할 필요가 없습니다. [빠른 실행 도구 모음]에 추가한 [페이지 수 줄이기 📑]를 클릭합니다.

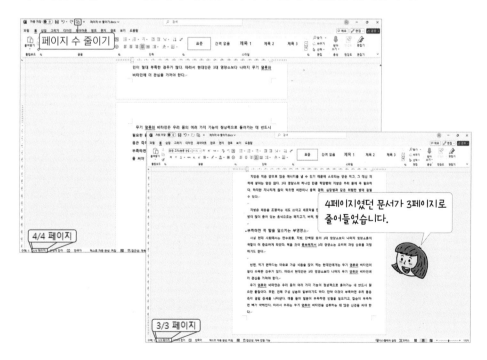

단, 이 기능을 사용할 때 주의 사항이 있습니다. 예제 문서를 살펴보면 원래 글꼴 크기가 12pt였는데, 11.5pt가 되었습니다. 만약 문서 작성 규칙에 글자 크기가 지정되어 있다면 [페이지 수 줄이기]를 쓰지 않아야 합니다. 실행을 취소하려면 Ctrl + Z를 눌러야 하고, 저장한 후에는 실행 취소가 되지 않습니다.

한편 [페이지 수 줄이기]를 눌렀는데 오류 메시지가 나타난다면 말 그대로 더 이상 페이지를 줄일 수 없는 상태라는 뜻입니다. 페이지를 줄일 수 있는지 여부는 워드가 스스로 판단하므로 이때 사용자가 선택할 수 있는 방법은 없습니다.

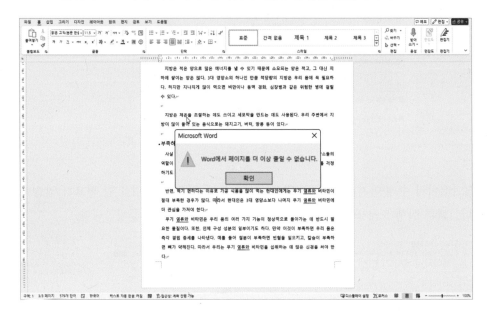

문서 인쇄하고 배포하기

보고서 앞쪽에 개요 페이지를 배치하면 전체 내용을 미리 파악하는 데 도움이 됩니다. 이번 장에서는 표지, 목차 페이지를 만들어 보고 소책자 형식으로 인쇄하는 방법까지 알아보겠습니다. 추가로 초대장, 안내장처럼 내용은 같지만 받는 사람이 다수인 문서를 만들 때 유용한 편지 병합 기능도 살펴보겠습니다.

06-1 표지, 목차 페이지 만들기

06-2 인쇄에 관한 모든 것

06-3 수신처가 여럿인 문서를 한번에 만드는 방법

이 장의 목표

☑ 표지와 목차 페이지를 자유자재로 편집할 수 있다.

☑ 용지 한 장에 두 페이지 이상을 출력할 수 있다.

☑ 하나의 문서를 한번에 여러 명에게 보낼 수 있다.

06-1
표지, 목차 페이지 만들기

· 실습 파일 06-1_실습.docx   · 완성 파일 06-1_완성.docx

보고서 내용을 다 채웠다면 이제 구색을 갖출 차례입니다. 여기서는 보고서의 내용을 가늠할 수 있도록 도와주는 표지와 목차 페이지를 만들어 보겠습니다. 회사에 따라 간소화하기도 하지만, 이 두 가지만 더 넣어도 보고서의 완성도를 한층 높일 수 있습니다.

하면 된다! } 표지 삽입하기

1. ❶ [삽입] 탭 → [페이지] 그룹 → [표지]에서 제공하는 표지 템플릿 중에서 ❷ [눈금]을 선택합니다. 문서의 첫 페이지에 선택한 표지가 삽입됩니다.

함께 보면 좋은
동영상 강의

커서를 어디에 두든 상관없어요!

2. 제목 틀에 커서를 두고 제목을 입력합니다.

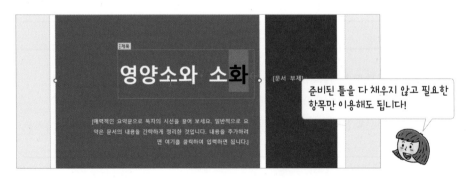
준비된 틀을 다 채우지 않고 필요한 항목만 이용해도 됩니다!

3. 삽입한 표지는 ❶ [삽입] 탭 → [페이지] 그룹 → [표지]에서 ❷ [현재 표지 제거]를 선택하면 언제든지 제거할 수 있습니다.

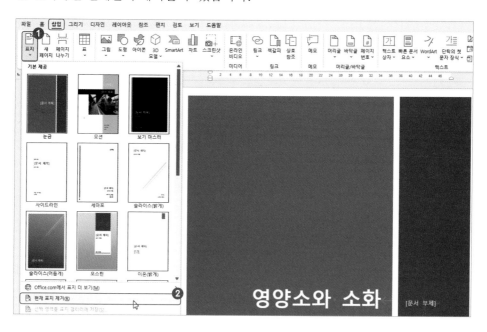

 질문 있어요! **표지 템플릿을 사용하지 않고 직접 표지를 만들고 싶어요!**

템플릿 없이 직접 표지를 만들려면 [삽입] 탭 → [페이지] 그룹 → [새 페이지]를 선택해서 빈 페이지를 삽입한 다음 원하는 모양의 표지를 만들면 됩니다. 실습처럼 표지 템플릿을 사용할 땐 커서를 어떤 위치에 두어도 1페이지에 표지가 삽입되지만 [새 페이지]를 선택할 때는 커서 바로 앞에 빈 페이지가 삽입되기 때문에 커서를 정확한 위치에 두는 것이 중요합니다.

워드 기본

본문 꾸미기

표와 차트

개체 활용

문서 디테일

인쇄 및 배포

공동 작업 기능

하면 된다! 〉 자동 목차 페이지 만들기

1. ❶ 커서를 2쪽의 우리 몸은 영양 덩어리 앞에 두고 ❷ [삽입] 탭 → [페이지] 그룹 → [새 페이지]를 선택합니다.

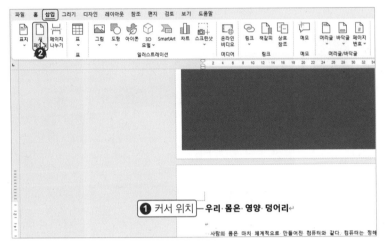

2. ❶ 새로 삽입된 2쪽에 커서를 두고 ❷ [참조] 탭 → [목차] 그룹 → [목차] → [사용자 지정 목차]를 선택합니다. ❸ [목차] 대화상자가 나타나면 [웹 미리 보기] 화면에서 목차가 나타날 모양을 확인하고 ❹ [확인]을 누릅니다.

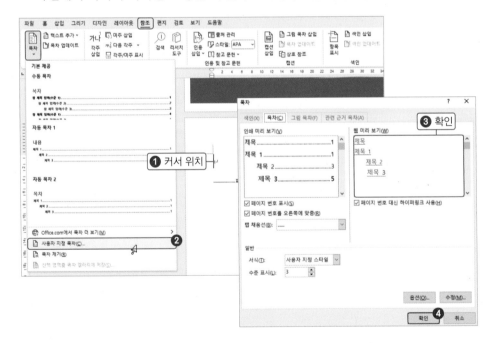

워드 기본

본문 꾸미기

표와 차트

개체 활용

문서 디테일

인쇄 및 배포

공동 작업 기능

3. 제목과 쪽수가 나타나고 하이퍼링크가 설정됩니다. Ctrl을 누른 상태에서 제목을 클릭하면 문서의 해당 위치로 이동합니다.

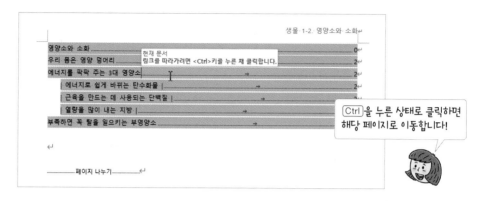

하면 된다! 〉 목차를 직접 입력해서 만들기

워드에서 목차는 직접 작성할 수 있는 '수동 목차'와 스타일에 따라 자동으로 완성되는 '자동 목차'가 있습니다. 앞서 자동 목차를 만들어 봤으니, 여기서는 목차 항목을 직접 입력하는 '수동 목차' 방식을 알아보겠습니다.

1. [참조] 탭 → [목차] 그룹 → [목차] → [기본 제공: 수동 목차]를 선택합니다.

2. 목차를 입력할 수 있는 서식과 틀이 제공되면 직접 목차에 나타낼 내용과 쪽수를 입력합니다.

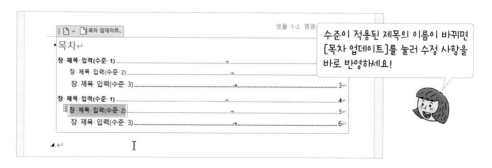

질문 있어요! 목차로 나타낼 항목은 어떻게 정하나요?

문서 내용을 자동 목차로 나타낼 때 표시할 항목을 직접 선택할 수 있습니다. [참조] 탭 → [목차] 그룹 → [목차] → [사용자 지정 목차]를 선택해 [목차] 대화상자에서 [옵션]을 누릅니다. 문서를 만들 때 지정한 스타일을 기준으로 목차를 만들고, 다단계 목록 항목을 가져오고, 사용자가 직접 목차로 지정한 항목을 목차로 만들 수 있습니다. 현재 문서는 스타일을 이용해 만들었으므로 건드리지 않고 [확인]을 눌러 목차를 만들면 됩니다.

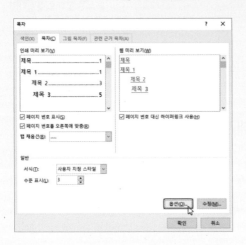

06-2

인쇄에 관한 모든 것

• 실습 파일 06-2_실습.docx   • 완성 파일 한 장에 두 페이지 인쇄.pdf, 소책자.pdf

워드 문서는 PDF 파일로 저장해 웹에 게시하거나 전자 메일로 전달할 수도 있지만, 보통 인쇄를 전제로 작성합니다. 인쇄 미리 보기 화면에 보이는 그대로 출력되니 참고하면서 용지와 여백 등을 설정하면 됩니다.

인쇄와 인쇄 설정

[파일] → [인쇄]를 선택하거나 Ctrl + P를 눌러 [인쇄] 대화상자에서 설정합니다.

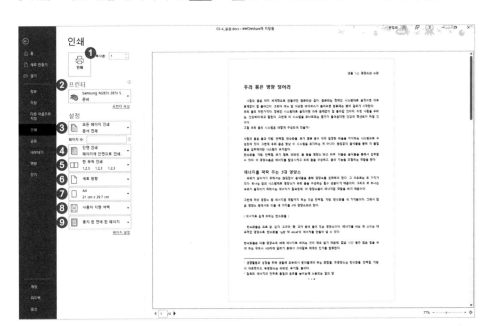

❶ **복사본:** 몇 부를 인쇄할 것인지 정합니다.

❷ **프린터:** 컴퓨터에 설치된 프린터 중 기본으로 설정된 프린터를 보여 줍니다.

❸ **적용 대상:** 문서 전체를 인쇄할 것인지, 현재 페이지만 인쇄할 것인지, 사용자가 직접 특정 페이지나 구역을 정해 인쇄할 것인지 선택합니다.

❹ **단면/양면 인쇄:** 단면으로 인쇄할 것인지, 양면으로 인쇄할 것인지 선택합니다.

❺ **한 부씩 인쇄:** 복사본에 2부 이상을 지정한 경우 '한 부씩 인쇄'와 '한 부씩 인쇄 안 함'을 선택할 수 있습니다.

❻ **용지 방향:** 용지 방향을 세로 방향, 가로 방향 중에서 선택합니다.

❼ **용지 크기:** 인쇄 용지의 크기를 정합니다.

❽ **여백:** 여백을 지정합니다.

❾ **여러 페이지:** 용지 한 면에 몇 페이지를 설정할지 선택합니다.

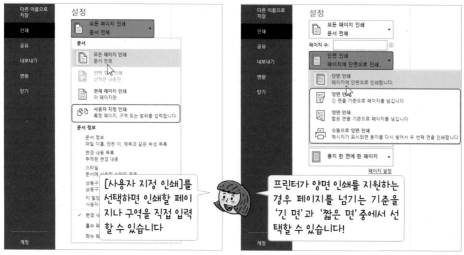

적용 대상 항목

단면/양면 인쇄 항목

하면 된다! 〉 한 장의 용지에 여러 페이지 인쇄하기

인쇄 용지에 여러 페이지를 인쇄할 경우 한 장의 인쇄 용지에 몇 페이지를 인쇄할 것인지에 따라 한 페이지가 차지하는 영역의 크기가 달라집니다. 예를 들어 인쇄할 용지가 A4인데 '용지 한 면에 두 페이지' 옵션을 선택한다면 A4 용지 한 장에 두 페이지가 인쇄되므로 실제 1페이지가 인쇄된 크기는 A5에 해당합니다.

함께 보면 좋은
동영상 강의

1. Ctrl + P 를 눌러 [인쇄] 대화상자를 실행합니다.

❶ [설정]에서 용지 한 면에 한 페이지를 선택한 다음 ❷ 용지 한 면에 두 페이지를 선택합니다. 오른쪽 미리 보기는 변화가 없습니다.

2. ❶ [프린터]를 Microsoft Print to PDF나 Microsoft XPS Document Writer 같은 PDF 저장 옵션으로 선택하고 ❷ [인쇄]를 누릅니다.

3. ❶ [다음 이름으로 프린터 출력 저장] 대화상자에서 PDF 파일을 저장할 위치를 지정하고 [파일 이름]을 입력한 후 ❷ [저장]을 누릅니다.

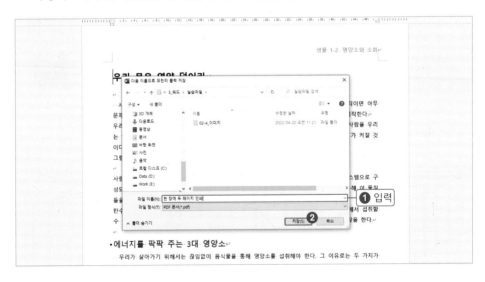

4. PDF 파일을 열어보면 용지 한 면에 두 페이지가 인쇄된 것을 확인할 수 있습니다.

하면 된다! 〉 소책자 모양으로 인쇄하기

소책자 모양은 용지 한 면에 두 페이지씩 양면 인쇄를 하고 용지를 반으로 접어 만듭니다. 총 8페이지 문서인 경우 용지 첫 장 앞면에는 8페이지와 1페이지, 뒷면에는 2페이지와 7페이지를 출력하고, 용지 두 번째 장 앞면에는 6페이지와 3페이지, 뒷면에는 4페이지와 5페이지를 출력합니다. 양면 인쇄 '짧은 면을 기준으로 페이지를 넘깁니다' 옵션을 선택해 인쇄합니다.

함께 보면 좋은
동영상 강의

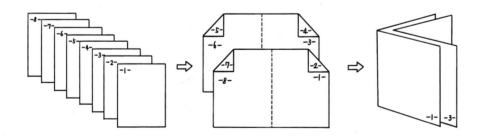

1. ❶ Ctrl + P 를 눌러 [인쇄] 대화상자를 실행하고 [페이지 설정]을 누릅니다.

❷ [페이지 설정] 대화상자의 [여러 페이지]에서 책 접기를 선택하고 ❸ [확인]을
누릅니다.

2. [양면 인쇄]를 지원하는 프린터의 경우 [양면 인쇄: 짧은 면을 기준으로 페이지
를 넘깁니다]를 선택해 인쇄합니다.

미리 보기 화면이
바뀌었어요!

워드 기본

본문 꾸미기

표와 차트

개체 활용

문서 디테일

인쇄 및 배포

양동 직업 기술

3. 양면 인쇄를 지원하는 프린터가 아닌 경우에는 PDF 파일로 저장해서 수동으로 양면 인쇄를 할 수 있습니다.

❶ [프린터]를 Microsoft Print to PDF로 선택하고 ❷ [인쇄]를 누릅니다.

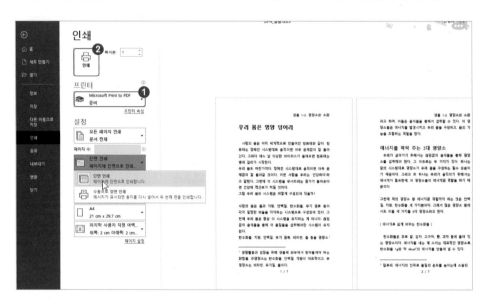

4. [다음 이름으로 프린터 출력 저장] 대화상자에서 ❶ [파일 이름]을 소책자로 입력하고 ❷ [저장]을 누릅니다.

5. 저장된 PDF 파일을 열어보면 소책자 형식인 것을 알 수 있습니다.

1/7

2/7

7/7

6/7

3/7

4/7

5/7

6. PDF 파일에서 Ctrl + P를 눌러 [인쇄] 대화상자를 실행합니다.

❶ [양면 인쇄]에 체크 표시하고 ❷ 짧은 쪽으로 넘김을 선택합니다.

❸ [방향]은 가로 방향을 선택하고 ❹ [인쇄]를 누릅니다.

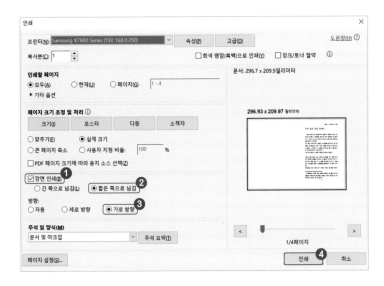

워드 기본

본문 꾸미기

표와 차트

개체 활용

문서 디자인

인쇄 및 배포

공동 작업 기능

인쇄된 출력물을 그대로 반으로 접으면 다음과 같은 소책자 형태로 만들 수 있습니다.

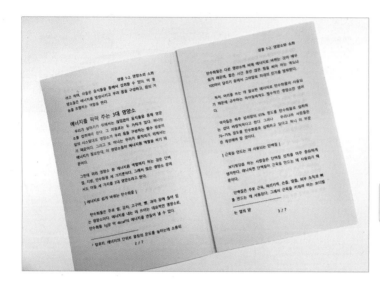

프린트가 있다면 직접
출력해 보세요!

06-3
수신처가 여럿인 문서를 한번에 만드는 방법

• 실습 파일 06-3_실습.docx, 주소록.xlsx • 완성 파일 06-3_완성1~2.docx

편지 병합(메일 머지)이란 여러 사람의 이름, 주소 등이 저장된 데이터 파일과 안내
장, 초대장 등의 서식 파일을 결합해 이름이나 주소 부분만 다르고 나머지 내용이
같은 수십, 수백 통의 안내장, 초대장을 한번에 만들 수 있는 기능입니다. 수신처가
담긴 데이터 파일은 주로 엑셀 파일을 이용합니다.

하면 된다! } 편지 병합으로 여러 명에게 보낼 초대장 만들기

1. ❶ [편지] 탭 → [편지 병합 시작] 그룹 → [편지 병합 시작] →
[기본 Word 문서]를 선택합니다.

❷ 이어서 [받는 사람 선택] 그룹 → [기존 목록 사용]을 선택하
고 주소록.xlsx 파일을 선택합니다.

함께 보면 좋은
동영상 강의

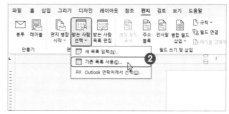

2. ❶ 커서를 수신: 바로 뒤에 두고 **❷** [필드 쓰기 및 삽입] 그룹 → [병합 필드 삽입]
→ [회사명]을 선택해 삽입하고 **❸** 한 칸 띄운 후 **❹** [대표자]를 선택해 삽입합니다.

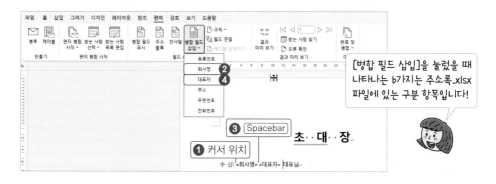

[병합 필드 삽입]을 눌렀을 때
나타나는 b가지는 주소록.xlsx
파일에 있는 구분 항목입니다!

3. ❶ [결과 미리 보기] 그룹 → [결과 미리 보기]를 선택해 수신자가 제대로 표시되
는지 확인합니다. **❷** [다음 레코드]와 [이전 레코드]를 눌러 다른 레코드도 잘 표
시되는지 확인합니다.

4. ❶ [마침] 그룹 → [완료 및 병합] → [개별 문서 편집]을 선택합니다.
❷ [새 문서로 병합] 대화상자가 나타나면 [모두]를 선택하고 **❸** [확인]을 누릅니다.

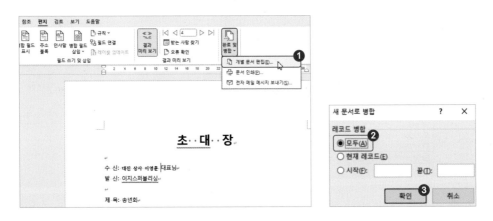

5. 선택한 레코드와 결합된 문서가 만들어집니다.

하면 된다! } 초대장 봉투에 붙일 수신처 레이블 만들기

초대장 봉투에 붙일 레이블을 제작해 보겠습니다.

함께 보면 좋은
동영상 강의

1. [파일] 탭 → [새로 만들기] 그룹 → [새 문서]를 선택해서 새 문서를 연 다음 [편지] 탭 → [편지 병합 시작] 그룹 → [편지 병합 시작] → [레이블]을 선택합니다.

> 레이블은 '라벨'이라고도 하며, 여기서는 받는 사람을 구분하기 위해 만듭니다!

2. ❶ [레이블 옵션] 대화상자가 나타나면 용지함을 기본 용지함으로 선택하고
❷ [레이블 제조 회사]는 Formtec으로 선택합니다.
❸ [제품 번호]는 Formtec 3108로 선택하고 ❹ [확인]을 누릅니다.

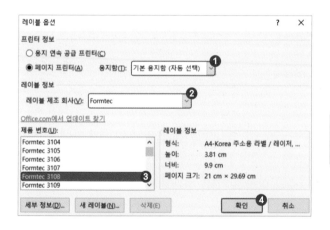

> Formtec 3108은 한국 주소용 라벨에 적합한 형식을 지원합니다!

3. ❶ [편지] 탭 → [편지 병합 시작] 그룹 → [받는 사람 선택] → [기존 목록 사용]
을 클릭해서 주소록.xlsx 파일을 선택합니다.

❷ [테이블 선택] 대화상자가 나타나면 [확인]을 클릭합니다.

❸ 첫 번째 칸에 커서를 두고 **❹** [병합 필드 삽입]을 선택한 뒤 **❺** [주소], [회사
명], [대표자], [우편번호]를 선택해서 레이블에 나타낼 모양으로 배치합니다.

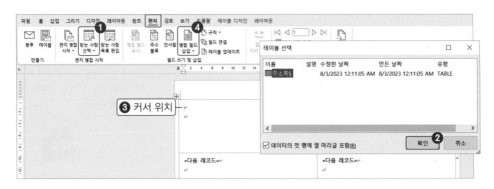

4. ❶ [필드 쓰기 및 삽입] 그룹 → [레이블 업데이트]를 클릭해 나머지 칸에도 데이
터를 나타냅니다.

❷ [결과 미리 보기] 그룹 → [결과 미리 보기]를 선택해서 결과를 확인합니다.

5. 글꼴 크기나 정렬을 수정하려면 ❶ 첫 번째 칸에 서식을 적용하고 ❷ [레이블 업데이트]를 눌러 보세요. 다른 모든 칸에 서식이 똑같이 적용됩니다.

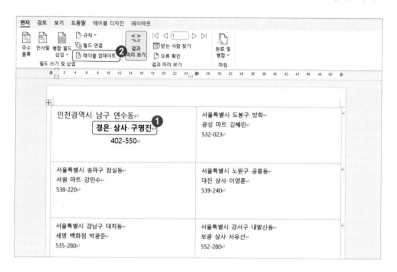

6. [마침] 그룹 → [완료 및 병합] → [개별 문서 편집]을 선택해서 파일로 저장하거나 [문서 인쇄]를 선택해서 바로 프린터로 출력할 수 있습니다.

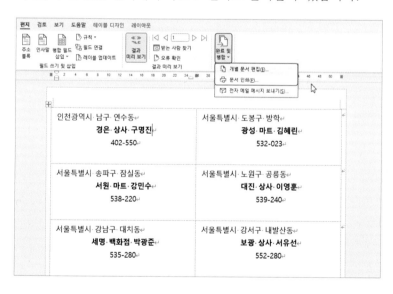

워드 기본

본문 꾸미기

표와 차트

개체 활용

문서 디테일

인쇄 및 배포

공동 작업 기능

보고서 미션이 떨어졌다!

제목, 목차 페이지와 함께
보고서 출력하기

내용과 서식을 완성한 보고서에 제목, 목차 페이지를 추가해 제출하기 좋은 형태로
만들고 소책자 형태로 인쇄해 보세요.

• 완성 파일 보고서 미션_06.docx

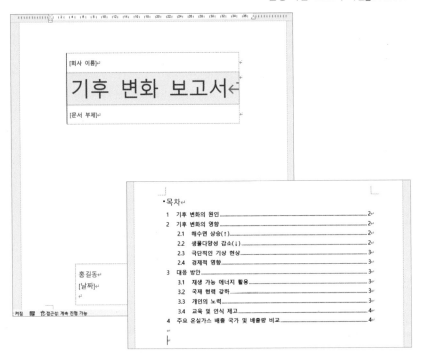

힌트!

- '사이드라인' 표지를 삽입하고, 제목으로 '기후 변화 보고서'를 입력합니다. 이때 제목
  표 너비가 좁아 제목이 두 줄로 나타나면 표 너비를 알맞게 넓힙니다. `228쪽 참고`
- '1 기후 변화의 원인' 단락 앞에 커서를 두고 [새 페이지]를 삽입한 다음 [자동 목차 2]를
  삽입합니다. `230쪽 참고`
- 소책자 형태로 파일을 인쇄하려면 [페이지 설정] 대화상자에서 '책 접기' 옵션을 선택하고
  '짧은 쪽'으로 넘기는 방법으로 출력합니다. `237쪽 참고`

결재란에 도장(사인)을
깔끔하게 넣고 싶어요!

문서에 날인할 때 인쇄해서 도장을 찍고 다시 스캔해 저장해 왔거나 포토샵 등으로 이미지 배경을 투명하게 처리해 넣은 분들에게 수고로움을 한층 덜 수 있는 방법을 소개합니다. 바로 워드의 '투명한 색 설정' 기능입니다.

이 기능을 사용하기 전에 먼저 종이에 도장을 찍고 스캔하거나 사진을 찍어 이미지 파일로 만듭니다. 이때 이미지 배경을 투명하게 바꿔야 문서의 텍스트와 자연스럽게 어울리는데, 도장이나 사인을 그늘지지 않게 찍어야 배경과 구분이 잘 되고 쉽게 배경을 투명하게 처리할 수 있습니다. 배경과 정확히 구분되지 않으면 이미지 편집 기능을 좀 더 사용해야 합니다.

1. [삽입] 탭 → [일러스트레이션] 그룹 → [그림]을 선택해서 이미지를 삽입합니다.

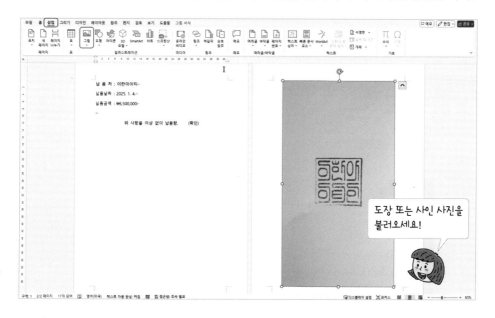

2. ❶ [그림 서식] 탭 → [크기] 그룹 → [자르기]를 선택해서 ❷ 도장 부분만 표시되
도록 자른 다음 ❸ [레이아웃 옵션]에서 [텍스트 배치: 텍스트 앞]을 선택합니다.

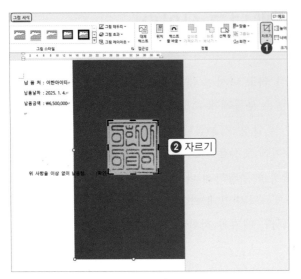
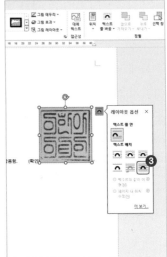

3. 삽입한 이미지의 배경색이 균일하지 않네요. 밝기와 대비를 조절해 배경이 흰색
에 가깝도록 수정해 보겠습니다. [그림 서식] 탭 → [조정] 그룹 → [수정] → [밝기/
대비]에서 밝기: +40%, 대비: -40%를 선택합니다.

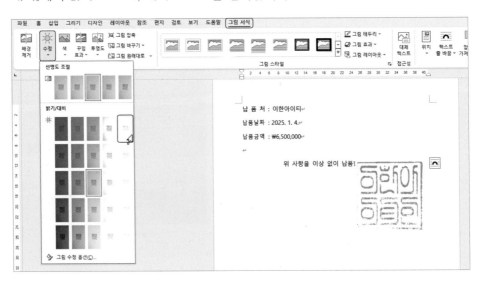

4. ❶ [그림 서식] 탭 → [조정] 그룹 → [색] → [투명한 색 설정]을 선택하고 ❷ 이미지에서 배경의 흰 부분을 클릭합니다.

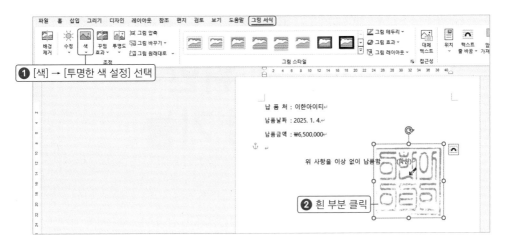

5. 이미지 크기를 적당히 줄이고 적당한 위치에 배치합니다.

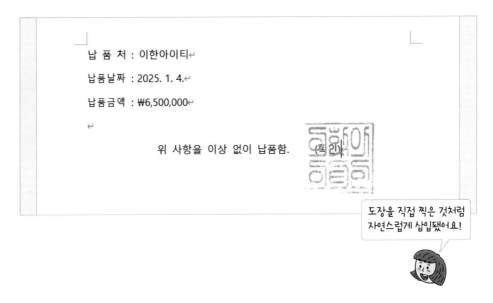

도장을 직접 찍은 것처럼 자연스럽게 삽입됐어요!

협업을 위한
공동 작업 기능

회사에서 작성하는 보고서는 보통 상급자에게 전달되고, 상급자는 보고서를 읽은 뒤 피드백을 남깁니다. 이때 보고서를 워드로 작성하면 상급자는 문서를 바로 고치는 대신 댓글이나 메모로 의견을 전달할 수 있습니다. 그리고 특정 항목을 채워 제출해야 하는 신청서에는 입력 항목을 제외한 부분을 수정하지 못하게 제한할 수 있어 유용합니다. 이 장에서는 워드의 공동 작업 기능에는 무엇이 있는지 살펴보겠습니다.

이 장의 목표

☑ 메모, 변경 내용 추적 기능을 활용하여 피드백을 전달할 수 있다.

☑ 컨트롤을 삽입하여 편집을 제한할 수 있다.

☑ 전 직원이 사용할 공동 서식 파일을 만들 수 있다.

워드 기본

본문 꾸미기

표와 차트

개체 활용

문서 디테일

인쇄 및 배포

공동 작업 기능

07-1
워드 문서를 피드백하는 2가지 방법

• 실습 파일 07-1_실습.docx • 완성 파일 07-1_완성.docx

다른 사람이 작성한 보고서를 검토하고 의견을 전달할 때는 문서에 바로 수정하기
보다는 수정했으면 하는 부분에 메모를 달거나 변경 내용을 추적하도록 설정해서
피드백을 전달하는 것이 좋습니다. 자신이 작성한 보고서와 비교하며 의견을 살펴
볼 수 있기 때문이죠.
공동 작업을 하거나 문서를 검토해서 피드백을 전달해야 하는 경우 메모, 변경 내용
추적, 문서 비교 기능을 사용할 수 있습니다.

하면 된다! } 메모로 소통하기

직접 문서를 수정하지 않고 조언을 하는 경우 메모를 달아 의견을
전달할 수 있습니다.

함께 보면 좋은
동영상 강의

1. ❶ 메모를 표시할 단어나 문장을 드래그해서 선택하고 ❷ [검토]
   탭 → [메모] 그룹 → [새 메모]를 선택합니다.

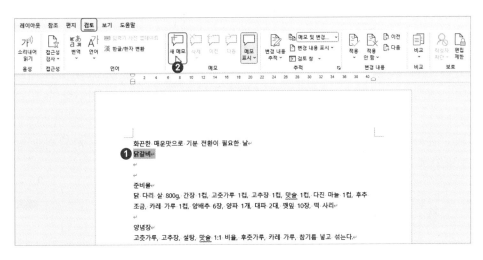

2. ❶ 메모 입력 창에 제목 스타일을 적용하세요.를 입력하고 ❷ [댓글 게시 ▶]를 누릅니다.

3. [메모 표시]를 해제하면 메모 표식 ⬚만 남겨 두고 메모 내용을 숨길 수 있습니다. 메모 표식을 클릭하면 [메모 표시]가 활성화되고 내용을 바로 확인할 수 있습니다.

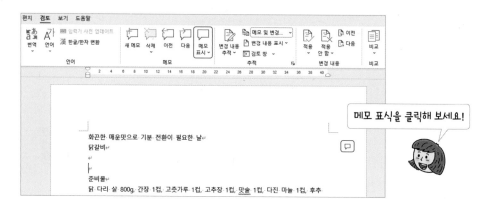

4. 메모는 문서 내용 중 메모가 표시된 부분 옆에 표시됩니다. 만약 문서가 여러 페이지이거나 메모가 많다면 문서를 스크롤해야 메모를 확인할 수 있습니다. 이때 [메모 표시] → [목록]을 선택하면 문서에 등록된 메모를 연속해서 확인할 수 있습니다.
[메모 표시] → [상황별]을 선택하면 2번 과정에 보이는 것처럼 메모를 항목 바로 옆에 표시할 수 있습니다.

질문 있어요! **메모에 나타나는 이름을 바꿀 수 있나요?**

메모에 표시되는 사용자명은 [파일] → [옵션]을 누르면 나타나는 [Word 옵션] 대화상자에서 [일반] 탭 → [Microsoft Office 개인 설정] → [사용자 이름]에 등록된 것으로 나타납니다. 여러 사람이 하나의 문서를 공동으로 작업한다면 참가자마다 구분할 수 있도록 사용자 이름을 쓰는 것이 좋습니다.

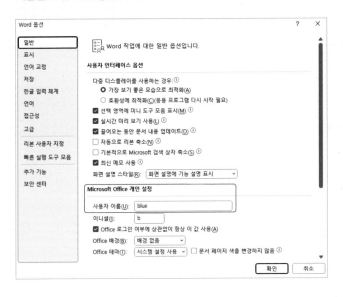

하면 된다! } 변경 내용 추적하기

직접 내용을 추가/삭제하거나 서식을 수정할 때 변경 내용 추적 기능을 활성화해 두면 어떤 내용이 어떻게 바뀌는지 전후를 확인할 수 있습니다. 그리고 바뀐 내용과 서식을 적용할 것인지 적용하지 않을 것인지 선택할 수 있습니다.

함께 보면 좋은
동영상 강의

1. [검토] 탭 → [추적] 그룹 → [변경 내용 추적]을 눌러 변경 내용 추적 기능을 활성화합니다.

07 · 협업을 위한 공동 작업 기능   **253**

2. ❶ 두 번째 줄에 있는 닭갈비에 커서를 두고 **❷** [홈] 탭 → [스타일] 그룹 → 제목 스타일을 선택해 적용합니다.

3. ❶ Ctrl 을 누른 상태에서 준비물, 양념장, 레시피를 하나씩 드래그하면 한꺼번에 선택됩니다.

❷ 제목 1 스타일을 눌러 적용합니다.

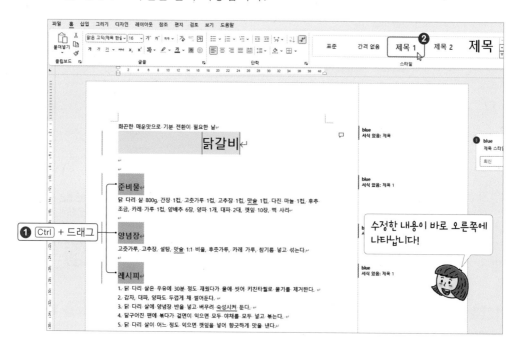

4. 메모처럼 변경된 부분 옆에 변경 내용이 표시됩니다.

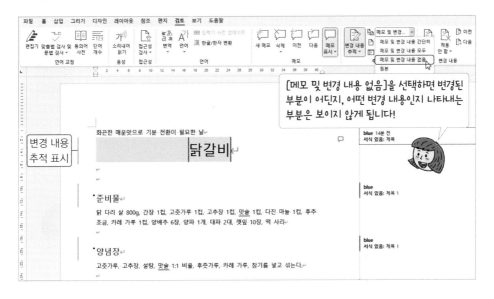

5. [검토] 탭 → [추적] 그룹 → [검토 창]을 선택하면 화면 왼쪽에 [수정] 창이 나타나고 변경 내용을 목록으로 보여 줍니다.

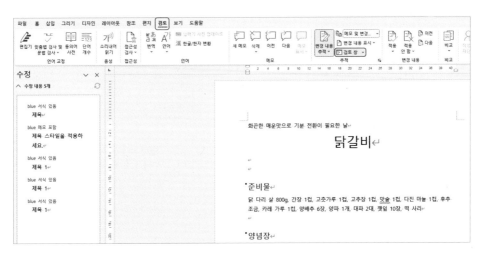

[변경 내용 추적]으로 기록된 변경 내용을 문서에 적용할 것인지 적용하지 않을 것인지 선택하면 됩니다. 이 방법은 이어서 알아보겠습니다.

원드 기본

본문 꾸미기

표와 차트

개체 활용

문서 디자인

인쇄 및 배포

공동 작업 기능

하면 된다! ⟩ 변경 내용 적용하기

1. [검토] 탭 → [추적] 그룹 → [메모 및 변경 내용 모두]를 선택해서 변경 내용을 시각적으로 표시합니다.

함께 보면 좋은
동영상 강의

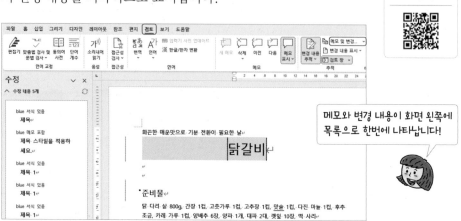

메모와 변경 내용이 화면 왼쪽에
목록으로 한번에 나타납니다!

2. 변경 내용을 그대로 반영하려면 [검토] 탭 → [변경 내용] 그룹 → [적용] → [변경 내용 모두 적용]을 선택합니다. 만약 변경된 내용을 적용하지 않고 기존 내용으로 돌아가려면 [적용 안 함]을 선택합니다.

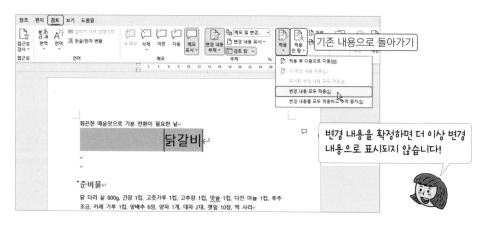

변경 내용을 확정하면 더 이상 변경
내용으로 표시되지 않습니다!

하면 된다! ⟩ 문서 비교하기

1. ❶ [검토] 탭 → [비교] 그룹 → [비교]를 선택합니다.
  ❷ [문서 비교] 대화상자에서 [원본 문서]는 07-1-1_실습.docx 파일을 선택하고 ❸ [수정한 문서]는 현재 문서를 선택합니다.
  ❹ [확인]을 누릅니다.

함께 보면 좋은
동영상 강의

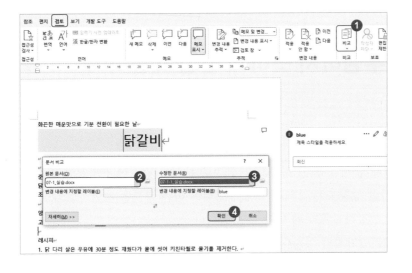

2. 두 문서를 비교해서 변경 내용을 '비교 중인 문서'로 나타냅니다. 두 문서에서 다른 부분을 [적용] 또는 [적용 안 함]을 눌러 새로운 문서를 만들 수 있습니다.

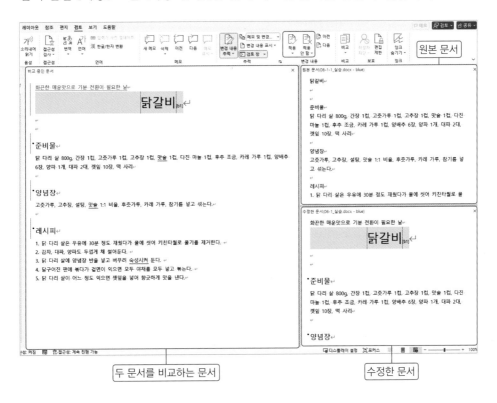

워드 기본

본문 꾸미기

표와 차트

개체 활용

문서 디테일

인쇄 및 배포

공동 작업 기능

07-2
마음대로 수정하지 못하게 편집 제한하기

• 실습 파일 07-2_실습.docx　• 완성 파일 07-2_완성.docx

문서를 주고받을 때 문서를 받은 누군가가 실수로 문서를 편집한다면 문제가 생길 수도 있습니다. 이런 상황을 방지하기 위해 입력해야 하는 부분을 제외하고 다른 부분에 제한을 걸어 수정하지 못하게 막을 수 있습니다.

편집 제한 방식에는 2가지가 있습니다. 첫 번째는 '서식 제한'입니다. 사용할 수 있는 스타일을 제한하거나 문서에 직접 서식을 적용할 수 없도록 설정하는 것입니다. 두 번째는 '편집 제한'입니다. 문서의 내용을 아예 바꿀 수 없거나 변경 내용, 메모, 양식 채우기 중 일부만 허용하는 것입니다.

구분	서식 제한	편집 제한
공통점	다른 사람이 문서를 편집하는 것을 제한함	
차이점	글꼴, 굵게 등 글자 서식을 특정한 스타일로만 바꿀 수 있음	변경 내용, 메모, 양식 채우기를 제외한 모든 문서 내용을 수정할 수 없도록 제한하는 기능으로, 주로 설문지 등 배포 목적의 문서에 활용됨

한편 편집 제한을 위해 먼저 알아야 할 개념이 있습니다. 바로 '컨트롤'이라는 특별한 개체인데요. 다음 그림에서 '소', '중', '대'는 편집할 수 없고 체크 박스만 수정할 수 있도록 제한할 수 있습니다. 이뿐만 아니라 체크 박스 역할을 하는 [확인란 콘텐츠 컨트롤]을 사용하면 클릭 한 번으로 체크 표시를 할 수 있어 대체할 기호를 삽입해야 하는 번거로움도 덜 수 있습니다.

체크 박스 기호를 직접 입력한 경우

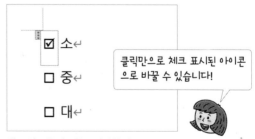

체크 박스를 컨트롤로 삽입한 경우

클릭만으로 체크 표시된 아이콘으로 바꿀 수 있습니다!

컨트롤의 역할과 10가지 종류

컨트롤은 '편집 제한'이 적용된 문서에서 사용자에게 제한된 입력이나 선택을 할 수 있도록 방법을 제공하는 용도로 사용됩니다. 양식 문서라면 기본 내용은 사용자가 수정할 수 없어야 하고 일정한 형식에 맞게 입력하도록 강제해야 하기 때문에 필요한 기능입니다. 컨트롤은 [개발 도구] 탭 → [컨트롤] 그룹에서 확인할 수 있습니다.

컨트롤의 종류는 총 10가지로 이름과 기능은 다음과 같습니다.

종류	기능
가가 서식 있는 텍스트 콘텐츠 컨트롤	입력한 텍스트에 굵게, 기울임꼴 등 서식을 설정할 수 있고, 여러 단락을 입력할 수 있음
가가 일반 텍스트 콘텐츠 컨트롤	서식은 설정할 수 없으나, 여러 단락을 입력할지 여부는 속성 대화상자에서 정할 수 있음
그림 콘텐츠 컨트롤	문서에 그림을 삽입할 수 있음
문서 블록 갤러리 콘텐츠 컨트롤	속성에서 지정한 갤러리 항목 중 선택해서 삽입할 수 있음
확인란 콘텐츠 컨트롤	확인란을 나타내어 선택 여부를 구분. '회의 참/불참'처럼 둘 중 하나를 선택하는 상황에서 사용함
콤보 상자 콘텐츠 컨트롤	여러 개의 항목을 목록으로 보여 주고 그중 선택하거나 사용자가 직접 입력할 수 있음
드롭다운 목록 콘텐츠 컨트롤	'콤보 상자 콘텐츠 컨트롤'처럼 여러 개의 항목을 목록으로 보여 줌. 단, 직접 입력할 수는 없고 목록 중에서 선택만 할 수 있음
날짜 선택 콘텐츠 컨트롤	날짜를 입력할 수 있도록 달력이 표시되며 [속성]을 선택해서 표시할 날짜 모양을 지정할 수 있음
반복 구역 콘텐츠 컨트롤	사용자가 콘텐츠 컨트롤을 여러 개 사용할 수 있도록 설정. 컨트롤을 선택하면 나타나는 오른쪽 끝의 더하기 모양을 눌러 컨트롤을 추가할 수 있음
이전 도구	전에 사용하던 컨트롤과 ActiveX 컨트롤을 사용할 수 있음

콘텐츠 컨트롤을 삽입하고 [개발 도구] 탭 → [컨트롤] 그룹 → [속성]을 선택하면 각 컨트롤마다 고유한 세부 항목을 설정할 수 있습니다.

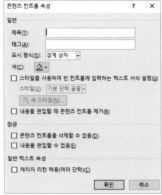

컨트롤마다 다른 대화 상자가 나타나요!

[서식 있는 텍스트 콘텐츠 컨트롤]의 [콘텐츠 컨트롤 속성] 대화상자

하면 된다! ﹜ 항목을 입력/선택할 수 있는 컨트롤 삽입하기

컨트롤을 삽입하려면 숨어 있는 [개발 도구] 리본을 불러와야 합니다. 우선 [파일] → [옵션]을 클릭해 [Word 옵션] 대화상자를 불러옵니다.

함께 보면 좋은
동영상 강의

1. ❶ [리본 사용자 지정] 탭을 클릭하고 ❷ [개발 도구]에 체크 표시합니다.

   ❸ [확인]을 눌러 설정을 저장합니다.

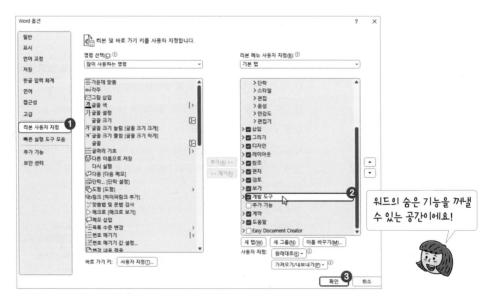

워드의 숨은 기능을 꺼낼 수 있는 공간이에요!

2. 입력할 수 있는 컨트롤 삽입하기

❶ [개발 도구] 탭 → [컨트롤] 그룹 → [디자인 모드]를 클릭해 실행합니다.

❷ 과정명 옆 빈칸에 커서를 두고 ❸ [컨트롤] 그룹 → [서식 있는 텍스트 콘텐츠 컨트롤 [가]]을 선택합니다.

❹ 아래 행 과목명(시수) 옆 빈칸에 커서를 두고 ❺ [서식 있는 텍스트 콘텐츠 컨트롤 [가]]을 선택합니다.

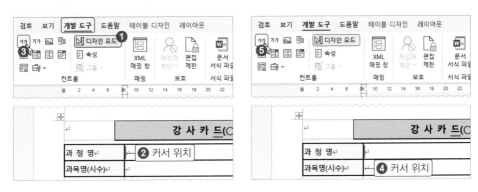

3. 빈칸에 텍스트를 입력할 수 있는 컨트롤이 삽입되었습니다. 이제 문서 전체에 편집 제한을 걸어도 컨트롤에는 자유롭게 입력할 수 있습니다.

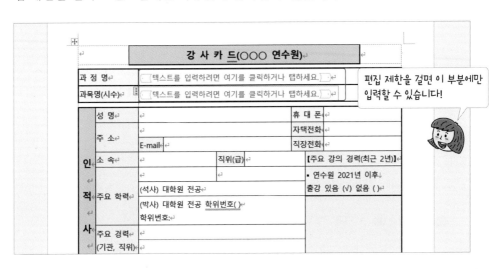

워드 기본

본문 꾸미기

표와 차트

개체 활용

문서 디자인

인쇄 및 배포

공동 작업 기능

호환 모드는 이전 버전에서 작성된 문서도 최신 버전에서 열람하고 편집할 수 있는 저장 방식입니다. 호환 모드로 설정되어 있지 않으면 스타일이 호환되지 않거나 다른 사람들과 문서를 공유하기 어렵습니다. 다만 몇 가지 컨트롤은 호환 모드를 해제해야 삽입할 수 있습니다.

1. [파일] → [옵션]을 눌러 [Word 옵션] 대화상자를 연 다음 [저장] 탭에서 [다음 형식으로 파일 저장]을 Word 문서 (*.docx)로 설정합니다.

2. 이미 해당 형식으로 설정되어 있다면 이번에는 [파일] → [정보] → [변환]을 클릭합니다. 팝업 창이 열리면 [확인]을 클릭하면 됩니다.

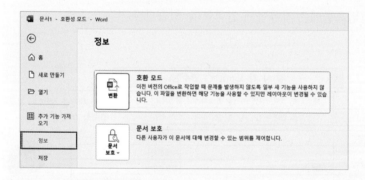

3. 문서 제목에 '호환성 모드'가 사라지면 호환 모드가 해제된 것입니다.

4. 선택할 수 있는 컨트롤 삽입하기

❶ 주요 학력 옆 빈칸에 커서를 두고 ❷ [콤보 상자 콘텐츠 컨트롤 🖹]을 선택해서 삽입합니다.

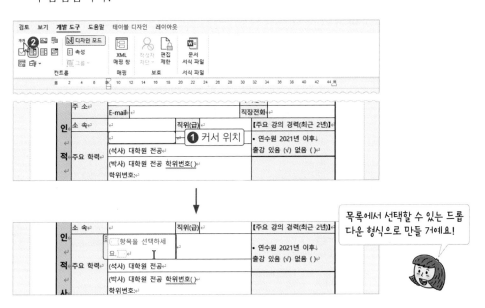

5. ❶ 콤보 상자 콘텐츠 컨트롤을 선택하고 ❷ [개발 도구] 탭 → [컨트롤] 그룹 → [속성]을 선택합니다.

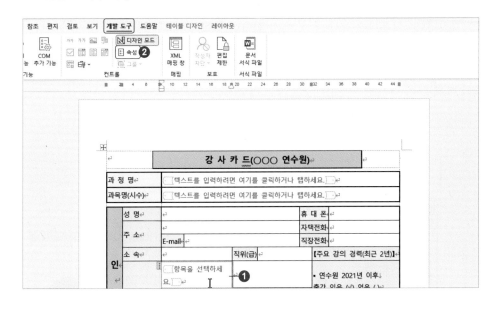

워드 기본

본문 꾸미기

표와 차트

개체 활용

문서 디테일

인쇄 및 배포

공동 작업 기능

6. ❶ [드롭다운 목록 속성]에서 항목을 선택하세요.를 클릭하고 ❷ [수정]을 누릅니다. ❸ [선택 수정] 대화상자가 나타나면 [표시 이름]과 [값]에 전문학사를 입력하고 ❹ [확인]을 누릅니다.

❺ [추가]를 눌러 ❻ 같은 방법으로 학사, 석사, 박사를 각각 입력하고 ❼ [확인]을 클릭합니다.

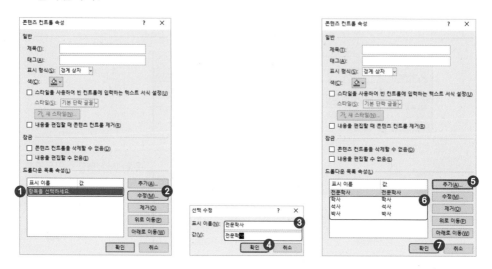

7. ❶ [컨트롤] 그룹 → [디자인 모드]를 해제하고 ❷ 콤보 상자를 선택하면 상자 오른쪽에 드롭다운 화살표가 나타나는데, 이 화살표를 누르면 드롭다운 목록이 펼쳐집니다. '드롭다운 목록 속성'에서 입력한 항목 중 하나를 선택할 수 있습니다.

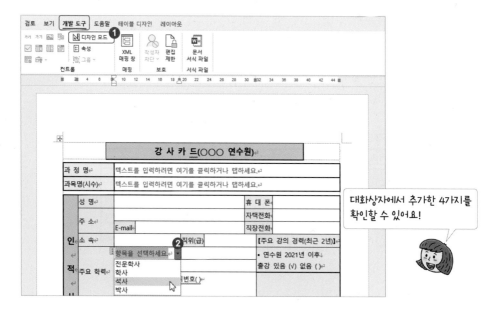

대화상자에서 추가한 4가지를 확인할 수 있어요!

하면 된다! 〉 편집 제한하기

워드에서는 자유롭게 문서의 서식을 변경할 수 있고, 내용을 추가
하거나 입력된 내용을 지울 수 있습니다. 이런 자유로운 문서 편집
을 제한하는 기능이 '편집 제한'입니다. 컨트롤을 삽입하는 실습을
먼저 따라 하고 진행하세요.

함께 보면 좋은
동영상 강의

1. ❶ [개발 도구] 탭 → [보호] 그룹 → [편집 제한]을 선택합니다. [편집 제한]은 내용
   변경이 아예 불가능한 '읽기 전용'과 '변경 내용', '메모', '양식 채우기' 4가지 방식
   가운데 선택할 수 있습니다.
   ❷ [편집 제한] 창에서 [양식 채우기]를 선택합니다.

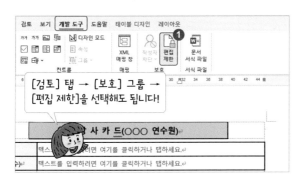

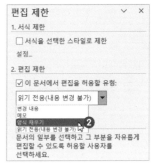

2. ❶ [예, 문서 보호를 적용합니다.]를 누르면 암호를 입력하는 대화상자가 열립니다.
   ❷ 암호는 입력하지 않고 [확인]을 누릅니다.

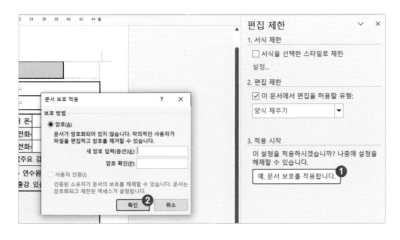

워드 기본

본문 꾸미기

표와 차트

개체 활용

문서 디테일

인쇄 및 배포

공동 작업 기능

3. [편집 제한]이 적용되었습니다. 이제 마우스로 클릭해서 문서를 선택하려고 해도 선택되지 않고 유일하게 컨트롤만 선택할 수 있습니다.

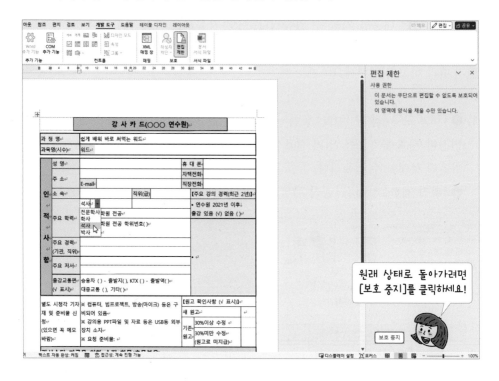

07-3
두고두고 쓰는 서식 파일 만들기

• 실습 파일 07-3_실습.docx

서식 파일은 문서의 양식을 저장해 둔 파일입니다. 문서를 작성할 때 고정적으로 나타내야 하는 내용이 있다면 빈 문서에서 시작해서 처음부터 작성하는 것이 아니라, 미리 만들어 두고 바뀌어야 하는 부분만 추가해서 문서를 만들 수 있도록 도와줍니다. 여러 가지 조항과 서명란이 비어 있는 '표준 계약서 샘플'이 대표적인 서식 파일이죠. 한번 만들어 두면 문서마다 새로 설정하지 않아도 되고, 따라서 시간을 크게 절약할 수 있어 유용합니다.

워드를 실행하면 나타나는 화면에서 [새로 만들기]를 누르면 워드에서 제공하는 다양한 서식 파일을 확인할 수 있습니다. 만약 평소 자주 쓰는 개인 문서 양식이 있다면 직접 만들어 서식 파일로 저장해 두는 것도 좋은 방법입니다.

여기 있는 것들이 모두 '서식 파일'이에요!

하면 된다! } 서식 파일 만들어 사용하기

강사 카드 신청서를 언제든 템플릿처럼 사용할 수 있도록 서식 파일로 만들어 보겠습니다.

함께 보면 좋은
동영상 강의

1. ❶ [파일] → [다른 이름으로 저장]을 클릭하고 ❷ [파일 형식]을 Word 서식 파일 (*.dotx)로 선택한 다음 ❸ [저장]을 누릅니다.

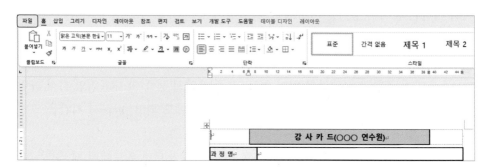

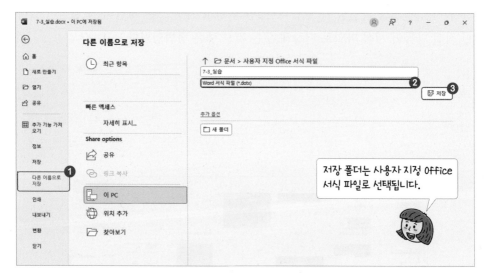

저장 폴더는 사용자 지정 Office 서식 파일로 선택됩니다.

2. 저장한 서식 파일을 사용해 보겠습니다.

❶ [파일] → [새로 만들기]를 선택한 뒤 ❷ 아래 '추가 서식 파일' 항목 중 [개인] 탭을 클릭하고 ❸ 서식 파일을 선택합니다.

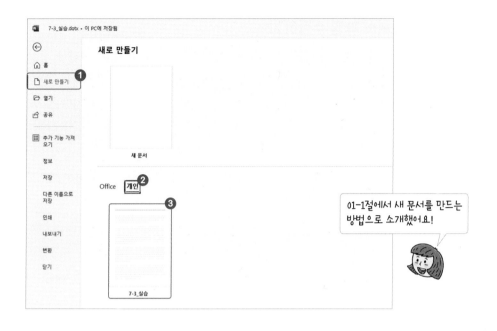

3. 빈 문서가 아닌 서식과 내용이 이미 만들어져 있는 파일이 '문서1'이라는 임시 파일명으로 만들어져 표시됩니다. 빈칸을 채우고 저장하면 문서가 완성됩니다.

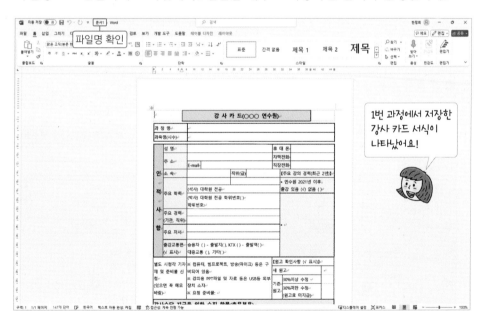

1번 과정에서 저장한
강사 카드 서식이
나타났어요!

워드 기본

본문 꾸미기

표와 차트

개체 활용

문서 디테일

인쇄 및 배포

공동 작업 기능

하면 된다! 〉 서식 파일 수정하기

계약서, 청구서, 견적서 등 서식 파일을 사용하는 문서에서 규정 또는 수집할 정보가 바뀐다면 파일을 개별적으로 수정하지 말고 기존 서식 파일을 수정합니다. 앞으로도 수정된 문서를 사용해야 하기 때문입니다. 앞선 실습에서 저장한 강사 카드 서식 파일을 수정해 보겠습니다.

1. [파일] → [열기]에서 서식 파일을 선택합니다. 파일명에서 확장자가 .dotx인 것을 확인합니다.

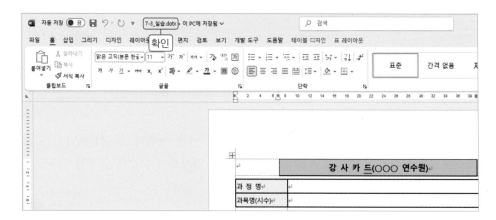

2. ❶ 수정할 부분을 바꾸고 ❷ Ctrl + S 를 눌러 저장합니다.

질문 있어요! .docx와 .dotx의 차이점이 무엇인가요?

워드 파일의 기본 확장자는 .docx입니다. 그리고 워드로 작성한 문서를 서식 파일로 저장할 때 .dotx 확장자를 사용합니다. 기본 워드 확장자인 .docx가 하나하나의 문서 파일을 의미한다면 .dotx는 그 문서의 바탕이 되는 템플릿 파일과 같습니다. 서식 파일 확장자인 .dotx는 책갈피나 하이퍼링크, 서식 등까지 압축해 저장하는 방식을 사용합니다. 따라서 자주 사용하는 양식이 있다면 아예 서식 파일로 저장해 두고 그때그때 열어서 활용하면 작업이 한결 편리해집니다.

메모만 가능하도록 편집 제한하기

완성한 보고서를 제출하기 전에 의견을 묻기 위해 메일에 첨부해 보내려고 합니다. 보고서 내용은 직접 수정할 수 없고 메모만 할 수 있도록 편집 제한을 적용해 보세요.

• 완성 파일 보고서 미션_07.docx

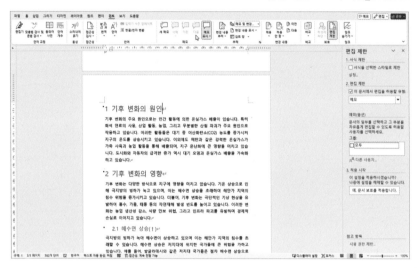

 힌트!

• [검토] 탭 → [보호] 그룹 → [편집 제한]을 눌러 문서를 보호할 수 있습니다. 265쪽 참고

여러 개의 문서를 하나로 합치고 싶어요!

다른 팀원들이 각자 만든 문서를 하나로 합칠 때 복사 및 붙여넣기 방법을 사용하면
여러 차례 실행해야 하는 번거로움이 있습니다. 워드 기능을 이용해 4개의 문서를
새 문서 하나에 합쳐 보겠습니다.

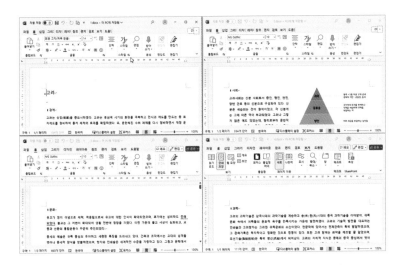

1. [삽입] 탭 → [텍스트] 그룹 → [개체] → [파일의 텍스트]를 선택합니다.

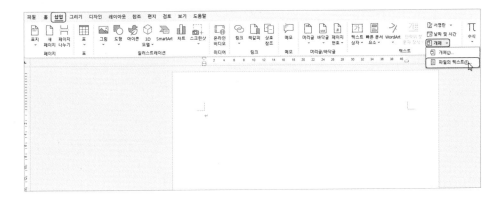

2. ❶ [파일 삽입] 대화상자에서 하나로 합칠 파일을 모두 선택하고 ❷ [삽입]을 누릅니다.

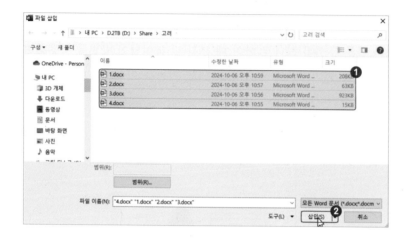

3. 선택한 파일들이 파일명 순서대로 삽입되면서 하나의 문서로 합쳐집니다.

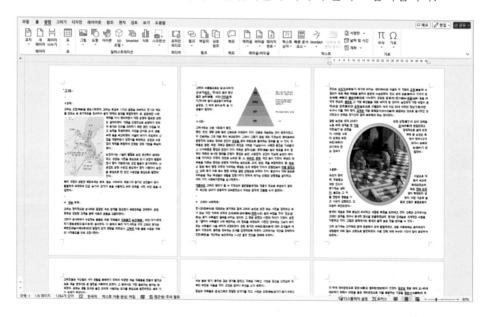

찾아보기